사랑 앞에 무릎 꿇은 당신

| 정성수 詩集 |

사랑 앞에 무릎 꿇은 당신

서문

  그 동안 교육신보, 내외매일신문, 담배인삼신문, 시사월간세계인, 울산광역매일, 익산신문, 전북금강일보, 전북대학교병원 매거진행복PLUS, 전민일보, 전북매일신문, 전북중앙신문, 전주일보, 한국영농신문, 한국우취연합월간우표 등 신문과 잡지에 연재한 시와 아포리즘 중에서 몇 편을 선별하여 한 권의 시집으로 묶어 세상에 내 놓는다. 독자들에게 감동을 줄만한 글들이 몇 편이나 될까? 읽어보니 부끄럽다는 생각이 앞선다.

  많은 날들을 시에 매달렸지만 시는 쓸수록 어렵고 생각할수록 아리송하다. 그나마 시가 없었더라면 썰렁하고 눅눅한 세상을 어떻게 건널 수 있을까? 무릎 꿇고 싶을 때 시가 위로해 줘서 감사하다. 편하게 읽어주신다면 밤하늘에 뜬 별들을 꽃으로 보겠다. 사랑 앞에 무릎 꿇은 당신이 있어 거친 삶이 그래도 견딜만하다.

2019년 첫날에
전주 건지산 아래 작은 방에서
정성수

「목차」

제1부

- 그게 너다 / 8
- 용서 / 10
- 이팝꽃 / 12
- 어떤 변명 / 14
- 사모하지 못한 죄로 하여 / 16
- 허공의 발길질 / 18
- 시어머니와 친정어머니 / 20
- 게 / 22
- 사랑 앞에 무릎 꿇은 당신 / 24
- 라면 / 26
- 매미 / 28
- 아내의 손 / 30
- 당신과 나 사이에 / 32
- 허파에 구멍을 뚫다 / 34
- 산의 말씀 / 36
- 무릎에서 / 38
- 부석사 배흘림기둥 / 40
- 늙은 호박 / 42
- 망해사 / 44
- 감나무 / 46
- 너를 사랑해 / 48
- 우리 집은 공사 중 / 50
- 폭설 / 52

제2부

- 선운사 동백 / 56
- 신발 한 짝 / 58
- 사랑별 / 60
- 붕어빵과 생강나무 / 62
- 면벽 / 64
- 첫 만남 / 66
- 그런 밤 / 68
- 접수 / 70
- 잔소리 / 72
- 덕지리의 초저녁 / 74
- 다문화학교 / 76
- 그냥 그리워만 하자 / 78
- 가을마당 / 80
- 너희가 젊은이라면 / 82
- 사과나무 아래서 / 84
- 생구 / 86
- 11월 / 88
- 너를 기다린다는 것 / 90
- 겨울밤의 별 / 92
- 꽃잎의 붉은 말 / 94
- 섣달 그믐 밤 / 96
- 태반이 쓸쓸하고 외로운 진실 / 98
- 겨울밤 / 100

제3부

· 한때 / 104
· 초저녁 / 106
· 목련 / 108
· 어떤 귀로 / 110
· 공터 / 112
· 술 한 잔 권했다 / 114
· 장미 입술 / 116
· 해바라기 당신 / 118
· 점심시간 / 120
· 한 잔 / 122
· 절반을 남겨두고서 / 124
· 가을 숲 / 126
· 참새 / 128
· 전나무가 말하기를 / 130
· 크레인 위의 여자 / 132
· 등산 / 134
· 우족탕 / 136
· 눈꽃 / 138
· 찻잔에 어리는 얼굴 / 140
· 군무 / 142
· 화살나무 / 144
· 겨울강 / 146
· 신新 조문 / 148

제4부

· 그래서 청춘 / 152
· 호미 / 154
· 월광 소나타 / 156
· 젖과 좆 / 158
· 굽은 등 / 160
· 흔들다 / 162
· 광대하고 무량한 / 164
· 넝쿨 장미 / 166
· 고백 / 168
· 삶이란 / 170
· 종소리 / 172
· 가을비 / 174
· 밥 / 176
· 어떤 하관 / 178
· 적막 / 180
· 후회 / 182
· 2월 / 184
· 취몽醉夢 / 186
· 천벌 / 188
· 오지 않는 사람은 오지 않는다 / 190
· 귓 / 192
· 황혼 / 194
· 12월의 산타 / 196

■ 정성수의 문학론

사랑 앞에 무릎 꿇은 당신

제1부

사랑 앞에 무릎 꿇은 당신

그게 너다

예쁜 옷을 보면 사주고 싶은 사람 있다
맛있는 음식을 먹으면 같이 먹고 싶은 사람 있다
방 한 칸들이고 함께 살고 싶은 사람 있다

그게
너다

『정성수의 아포리즘』

· 사랑Love이라는 말은 '즐겁게 하다'는 의미의 라틴어 'lubet'에서 유래했다고 한다. 한자로는 애愛, 정情, 연戀의 의미를 갖고 있다. 어떤 상대를 애틋하게 그리워하고 열렬히 좋아하는 사랑이 뭐냐고 묻는다면 명쾌한 답을 말하기에는 어렵다. 혹자는 '가슴이 뛰기 때문에 사랑하는가? 사랑하기 때문에 가슴이 뛰는가?' 묻기도 하지만 다만 사랑은 인간의 감정 중 가장 복잡하고 미묘한 감정이라고 말할 수밖에 없다. 누군가에게 사랑의 감정을 가진다는 것 자체만으로 기쁘고 그 대상을 좋게 생각하는 것만으로도 행복감에 젖는다. 그러나 그 대상이 떠나갈 때에는 우울하고 슬프다. 사랑의 감정이 지나쳐서 엉뚱한 방향으로 흐르면 사람을 망치기도 한다. 그렇기 때문에 사랑은 한 사람을 웃고 울리는 묘한 힘을 갖고 있는 것이다. 미국의 철학자 에리히 프롬Erich Seligmann Fromm은 '사랑도 먹어야 사는 밥과 같아서 계속 충족되지 못하면 결핍으로 인한 장애가 나타날 수 있다'고 했다.

용서

용서하라 상처 받았을 때 용서하지 않으면
다 놓치고 만다
사랑했던 날도
함께 눈물 흘렸던 날도
아무것도 남아 있지 않아
그 때 후회한다
누구나 손 봐주고 싶은 사람 하나씩은 있다
가슴에 옹이로 남기 전에
용서하라
용서는 변명까지 다 들어주는 것
기도보다 거룩하다
진정한 용서는 먼저 나를 용서하는 것이다
미움보다 미운 것은
자신조차 용서하지 못하는 것이다
내가 던진 칼이 비수가 되어 돌아오기 전에
뜨겁게 끌어안고 기쁘게 용서하라

『정성수의 아포리즘』

· 사람들은 상처 받았을 때 어떻게 보복할 것인가를 먼저 생각한다. 보복은 보복을 낳는다. 진정한 보복은 용서라는 것을 아는 사람은 그리 많지 않다. 남을 용서하기 전에 먼저 자신을 용서해야 한다. 그것은 자신을 용서하지 않으면 절대 남을 용서할 수 없기 때문이다. 자신을 용서한다는 것은 연약하고 허점 많고 무력한 모습까지도 인정하면서 자신을 있는 그대로 받아들이는 것이다. 용서한다는 것은 사랑한다는 것보다 백배도 더 어려운 일이다. 세상에서 가장 아름다운 사랑은 용서다. 용서는 하느님이나 부처님만 하시는 것이 아니라 지금 당신이 해야 할 일이다. 용서는 사랑이자 진정한 보복이다.

이팝꽃

올해도 이팝꽃이 피었습니다 오월의 길가에 쌀밥 같은 꽃이 활짝 활짝 핀 것은 아직도 순지가 누렇게 뜬 얼굴로 빈 밥그릇을 들고 있기 때문입니다

봄날의 끄트머리에서 담장을 등지고 앉은 순지의 까만 머릿결 사이로 보리알만한 이가 스멀스멀 기어 나오면 순지는 머리를 득득 긁었습니다 그런 순지 옆에 왜 나는 오래도록 붙어 있었는지 나도 따라 머리를 득득 긁었는지

내가 소스라치게 놀랐을 때는 이미 춘궁기 속으로 발을 깊이 들여놓았을 때였습니다 머리에 피도 안 마른 내 심장을 관통한 꽃 이팝꽃 흐드러진 밤에 야반도주했다는 순지네 소식은 쑤셔 논 벌집처럼 온 동네가 왱왱거렸습니다

이팝꽃 피고 지는 동안 나는 이팝나무 아래에서 먹먹하고 캄캄한 세월만 보냈습니다 길고 긴 춘궁기 다 끝나갈 무렵 바람에 실려 온 소식은 순지가 까만 아이 하나 안고서 물 건너 왔다는 소리만 이팝나무잎 사이에서 수런거리고 있었습니다

『정성수의 아포리즘』

· 50여 년 전만 해도 보릿고개가 있었다. 소위 말하는 춘궁기春窮期 또는 맥령기麥嶺期다. 이는 봄철 기근을 가리키는 말로 넘어가기에 힘든 고개에 빗대어 보릿고개라고 했다. 그 시절에는 배가 고파서 칡뿌리를 캐 먹고 소나무 껍질을 벗겨 속살을 먹기도 했다. 그것은 어쩌다 겪는 힘든 삶이 아니라 해마다 봄이면 찾아드는 눈물겨운 날들이었다. 얼마나 배가 고팠으면 나무에 핀 꽃을 보고 쌀밥을 떠 올렸을까? 가난은 나랏님도 구제를 못한다 했다. 배고픈 시절 / 저 꽃이 / 사람들의 희망이었다고 한다 / 꽃이 희망이었다니 / 그 때를 생각하면 꽃잎 / 잎마다 / 눈물이었으니 // 한 때는 나에게도 / 꽃이 희망이었던 때가 있었다 / 그 꽃 생각하면 / 그리움이 먼저와 가슴 시리다 / 내게 꽃이었던 / 이팝꽃같은 / 여자 / 꽃 피기도 전에 분분이 지던 // 그 여자를 생각하면 / 할수록 그 봄밤이 못내 캄캄하다. 한편의 시를 보낸다.

어떤 변명

내가 너를 사랑한 까닭은
봄 동산에 꽃이 수줍게 피어 있었기 때문
너희 집 창문에 밤새도록 불이 켜져 있었기 때문
코밑이 거뭇거뭇해질 때까지 내 가슴이 비어 있었기 때문

내가 너를 사랑한 것이 죄라면
횡단보도를 건널 때 옆구리에서 파란 신호등이 깜박거렸기 때문
네가 비에 젖어 어느 집 처마 밑에 쪼그리고 앉아 떨고 있었기 때문
우리가 만난 그 겨울이 춥다며 은근히 내 어깨에 기대왔기 때문

그게 아니라고 입으로는 수없이 변명을 했지만
내가 나를 속일 수는 없었다

너는 나를 잃어버렸다
그것도 모자라 잊어 버렸다
그러나 나는 너를 잃어버렸어도 끝끝내 잊지는 않았다

『정성수의 아포리즘』

· 숲속에 달팽이 한 마리와 방울꽃이 살았다. 달팽이는 세상에 방울꽃이 존재한다는 것만으로도 기뻤다. 눈길을 마주치면 얼른 잎사귀 뒤로 숨어버리는 것이 달팽이의 사랑이라는 것을 방울꽃은 몰랐다. 이처럼 사랑이라는 것은 가까이 있을 때는 전혀 눈치 채지 못하는 경우가 많다. 떠난 뒤 그 사람이 얼마나 소중하고 귀한 존재인지를 알고 가슴 치는 것이 사랑이다. 빈자리가 크면 클수록 사랑의 반향反響도 크다. 작은 것이지만 소중하게 생각하고 하찮은 것이지만 귀하게 여길 줄 알아야 느낄 수 있는 사랑, 그러나 슬프게도 사랑은 옆에 있을 때만 사랑이다. 사랑은 사랑할 때만 사랑이다.

사모하지 못한 죄로 인하여

이 세상에 와서 한 사람을 사모하다가 죽은 사람 몇이나 될까
밤하늘을 바라본다

사랑이 뭔지도 모르고 저 세상으로 가서
별이 된 사람
참 많다
지상을 내려다보는 저 눈들

사람의 마을에 두고 온 사람을 못 잊어
밤새도록
그 사람에게 가는 길을 찾고 있다
그리하여
순한 눈이 되지 못하고
평생을 두리번거리는 붉은 눈이 되었다
한 사람의 심장에
꽃씨 하나 묻어 놓고 땅을 친 날 많았으리라

한 사람을 사모하지 못한 죄로 인하여 길 위에서 오래도록 서성인다

『정성수의 아포리즘』

· '목동은 아가씨와 은하수를 바라보며 별에 대해 말해 주었다. 둘이서 이야기를 주고 동안 밤은 깊어 갔다. 그때였다. 뭔가 싸늘하고 보드라운 것이 살며시 목동의 어깨를 눌러왔다. 그것은 아가씨가 졸음에 겨운 머리를 기대온 것이었다. 목동은 생각 했다. 저 숱한 별들 중에서 가장 가냘프고 가장 빛나는 별님 하나가 내 어깨에 내려앉아 고이 잠들어 있노라고…' 알퐁스 도데Alphonse Daudet의 '별' 줄거리다. '사랑은 언제나 오래참고, 사랑은 언제나 온유하며 / 사랑은 시기하지 않으며, 자랑도 교만도 아니하네 / -중략- / 믿음과 소망과 사랑 중에 제일은 사랑이라' 고린도전서 13장에 있는 말씀이다. 세상에서 가장 어려운 일은 사람이 사람의 마음을 얻는 것이다.

허공의 발길질

바람은 남촌에서 불어온다는데

시도 때도 없이 강을 건너 산을 넘어 와
나뭇가지에 매달리기도 하고
그루터기에 주저앉아 로댕의 생각하는 사람이 된다는데
사는 일에 점수를 매기고
국보 제78호 금동 반가사유상의 고뇌를 따라 가기도 한다는데
그리하여 저녁연기처럼 모락모락 피어올라
밤 보따리를 싸서 줄행랑을 치기도 하고
시작할 때는 봄날이었다가
한겨울 빙판이 깨지듯이 소리가 요란하다는데
남자 하나를 작살내고 여자 하나를 목 졸라
두 인생을 풍비박산 한다는데

그래도 바람이고 싶다고?
죽을 때 죽을망정 꽃 한 번 피워보고 싶다고?
그것은 허공의 발길질

『정성수의 아포리즘』

· 모텔이 밀집되어 있는 곳을 모텔촌이라고 한다. 저 많은 모텔이 운영되기는 되느냐고 내가 묻자 친구가 한심하다는 표정을 짓는다. 하기야 요즘 같은 세상에 그런 질문을 하는 사람이 그렇지? 동서고금을 막론하고 불륜은 있다는데. '네가 하면 스캔들, 내가 하면 로맨스'라고 하는 사람들에게는 공통점이 있다고 한다. 그것은 스스로를 특별한 사람이라고 인식하기 때문이란다. 그렇다면 불륜이나 바람을 피할 수 있는 방법은 없는가? 그것은 의외로 간단하다. 부부지간에 조석으로 스킨십을 하고 사랑한다는 말을 자주하는 것이다. '여보 사랑해' '당신은 나의 태양이야!' 조금은 낯간지럽겠지만 그 한 마디가 보약이자 명약이다.

시어머니 친정어머니

시어머니와 친정어머니가
분만실에 들어왔다
한 손은 시어머니가 한 손은 친정어머니가
산모의 손을 잡는다
시어머니는 아들을 낳았다고
입이 귀에 걸리고
친정어머니는 어린 것이 애기 낳느라 고생했다고
눈물을 찔끔거린다
시어머니는
손자의 건강을 걱정하고
친정어머니는
딸의 산후조리를 염려했다
시어머니가 놓고 간
돈봉투는 두툼하고
친정어머니가 주고 간 것은
한 두름의 미역이었다

『정성수의 아포리즘』

· 시어머니가 며느리네 집에 갔다. 아침이 되자 며느리는 자고 있는데 아들이 아침밥을 챙겨먹고 설거지를 하더니 출근을 했다. 자기 아들을 부려먹는 며느리가 괘씸했다. 저녁때가 되어 퇴근한 아들이 고무장갑을 끼는 것이었다. 시어머니는 기절했다. 친정어머니가 사위네 집에 갔다. 아침이 되자 딸은 자고 있는데 사위가 아침밥을 챙겨먹고 설거지를 하더니 출근을 했다. 자기 딸을 아껴주는 사위가 대견스럽게 보였다. 저녁때가 되어 퇴근한 사위가 고무장갑을 끼는 것이었다. 친정어머니는 입이 귀에 걸렸다. 당신은 시어머니인가? 친정어머니인가?

게

수평선 저 쪽에서 한 무리의 말들이 달려온다
갈기가 푸르고 구비치는 소리 요란하다

놀란 게들이 재빠르게 구멍 속으로 들어간다
거꾸로 찍힌 발자국이 눈을 안테나처럼 세우고
약속처럼 구멍 밖을 내다본다

갯벌은 여전히 질펀질펀 꽈리를 불고
물새 한 마리 가늘게 눈을 뜨고 바라보면

제 발자국 소리에 놀란 게들이
죽은 척 살아서 일순 정지한 채
살아서도 죽은 척
배를 깔면
햇볕 쏟아지는 갯벌은 망망히 바다가 된다

아찔하다
하루를 살아가는 일이

『정성수의 아포리즘』

· 게바구니에는 뚜껑이 없다. 일단 바구니에 담긴 게는 밖으로 나오지 못한다. 바구니에서 나오려고 하면 밑에 있는 게들이 잡아당기기 때문이다. 결국 어떤 게도 바구니에서 나올 수가 없다고는 것이다. 어미 게와 새끼 게의 우화가 있다. 어미 게가 옆으로 걷는 새끼 게를 야단치면서 시범을 보여 주겠다고 하며 새끼 게 보다 더 정확하게 옆으로 걸었다. 이는 입으로는 바르게 살라 하면서 정작 자신은 바르게 살지 못하는 사람들을 비꼬아 만든 이야기다. 게가 게를 가르치면 게가 된다는 말이 틀리지 않다. 갯벌에 갈매기 뜨거든 잽싸게 몸을 숨겨야 한다. 갯벌에서 살다가 갯벌에서 죽고 싶은 게들아!

사랑 앞에 무릎 꿇은 당신

당신 앞에서 옛사람을 불러내지 않으리라
지난 날 보다 오늘을 위해 미소 짓고
사랑한다는 말을 자주 하리라
당신의 손을 잡고 가보지 않은 골목 끝까지 가보리라
밤이 오면 하늘을 보고
당신의 별과 내 별을 찾으리라
일요일이면 작은 성당에서 무릎 꿇고
사랑의 언약을 하리라
돌아와서는 당신의 목욕을 돕고
젖은 몸을 마른 수건으로 닦아 주리라
당신을 위하여 음식을 만들고
식탁에 앉으면 감사의 기도를 올리리라
당신과의 사랑을 위하여
온몸으로 태양을 맞이하고 온몸으로 태양을 덮으리라
내 상처로 인하여
당신을 아프게 하지 않으리라
사랑 앞에 무릎 꿇은 당신
당신의 이름을 더 많이 부르리라

『정성수의 아포리즘』

· 세계적으로 유명한 독일계 미국인 사회심리학·정신분석학자인 에리히 프롬Erich Fromm은 '사랑은 관심이다. 말로는 꽃을 사랑한다고 하면서 화분에 물을 주지 않는다면 꽃을 사랑한다고 믿지 않을 것이다. 사랑하는 대상의 생명과 성장에 대한 관심이 없으면 사랑도 없다.'고 했다. 우리는 사랑을 얻기 위해서 기도한다. 기도는 두 손을 모으는 것만이 아니다. 서울 타워의 전망대 울타리 망 사이사이에 걸어 놓은 수많은 자물통은 사랑의 언약이 영원히 변치 않기를 바라는 소망의 자물통들이다. 이는 연인들이 사랑의 언약을 적어 자물통을 채워 놓고 열쇠는 남산 아래 멀리 던져 버린 것들이다. 열쇠가 없으니 자물통에 적은 언약은 영원히 유효하다는 뜻이다. 사랑한다면 상대에게 적극적인 관심을 가지고 적극적으로 표현하라. 사랑은 사랑 앞에 무릎 꿇는 자의 것이다.

라면

라면 하나를 끓여 먹었다

먹어도 그만 안 먹어도 그만인
내게는
간식이자 군것질 정도였다

그러나 누군가에게는 한 끼의 절실한 눈물이다

야밤에 라면을 먹는다는 것은
그의 눈물을 훔쳐 먹는 일이었다

『정성수의 아포리즘』

· 야심한 밤 출출해서 라면을 끓였다. 꼬불꼬불한 면발을 보면서 지나 온 세월 같다는 생각이 들어 하마터면 얼굴을 감싸 안을 뻔 했다. 퍼진 라면을 나무젓가락으로 집어 올리면서 느슨해진 생의 면발을 빨랫줄에 내걸고 싶었던 그런 밤이었다. 이 밤에도 어딘가에서 굶주림에 떨고 있을 어린이들을 생각한다. 개발도상국 어린이들이 '영양실조와 의료시설 부족으로 3초마다 한 명씩 죽어가고 있다'고 한다. 한 사람의 작은 도움으로 죽어가는 모든 어린이를 살릴 수는 없지만 일부 어린이에게 희망을 선물할 수는 있다. 작은 정성과 도움의 손길이 더해진다면 '지구촌에서 빈곤한 어린이들이 완벽하게 사라지는 날'이 올 것을 굳게 믿는다. 희망은 크고 거창한데 있는 것이 아니다. 때로는 라면 한 개가 희망이다.

매미

등가죽이 터져라 울어대는 것은 가는 여름이
서러워서가 아니다
피안의 저쪽에 도달하기도 전
천길 아래로 떨어져야 한다는 생각이 두렵기 때문이다
나무가 밀어내면 밀어낼수록
악착같이 달라붙어 악을 쓰는 매미

내가 그대를 떠나지 못하는 것은
그대를 사랑하지 않기 때문이 아니다
울음 울어 눈물을 쌓는 매미처럼
한 철이 가면
세상 밖으로 등 떠밀려 갈
두려움이 나무껍질처럼 두터워지기 때문이다

사랑도 그러하리
죽기 살기로 달라붙는 것이나
눈을 부라리며 밀어내는 것이나
한여름을 건너가는 매미의 생과 결코 다르지 않으리

『정성수의 아포리즘』

· 매미는 유충으로 6~17년간 땅속에서 나무의 수액을 먹고 자란다. 그러다가 지상으로 나와 선탈蟬脫을 하고 성충이 되어 한 달 정도 산다. 우는 매미는 수컷이며 암컷은 울음소리 크기에 따라 수컷을 선택한다. 수컷들은 목이 터져라 울다가 암컷을 만나 교미를 한 후 바로 죽는다. 알을 낳은 암컷 매미도 수컷 보다 조금 더 살뿐 곧 죽는다. 광대하고 200억년의 우주 역사 중에 단 70~80년 차지하는 우리네 일생이나, 매미의 일생이나 크게 다르지 않다. 사랑이란 매미처럼 죽기 살기로 그대에 붙어서 한사코 울어대는 것은 아닌지? 귀에 대고 고막이 찢어지는 울음을 쌓던지, 뜨겁게 울어야 보이는 것이 사랑이 아닌지?

아내의 손

희고 긴 손가락이 세월의 바퀴에 마모되어
갈퀴 같은 손이 되었다

나는 오랫동안 손을 잡고 있었고
아내는
하염없이 나를 바라보고 있었다

처연凄然하다 이 손

『정성수의 아포리즘』

· 아내를 사랑한다면 남편인 당신만이라도 아내의 이름을 불러줘야 한다. 501호 아줌마나, 순지 엄마가 아닌 초등학교 입학하는 날 가슴에 붙였던 이름표를 지금 붙여줘야 한다. 세월에 따라, 역할에 따라 어느새 이름마저 잃어버린 아내의 손을 잡고 아내의 이름을 불러보라. 내 가슴이 먼저 따뜻해질 것이다. 가위가 두개의 날이 똑같이 움직여야 가위질이 되듯이, 젓가락 두 짝이 함께 나가야 반찬을 집어오듯이 부부는 따로 국밥이 아니다. '좋은 남편은 귀머거리요, 좋은 아내는 소경입니다.' 오래도록 기억해야 할 말이다. 부부 싸움은 칼로 물 베기가 아니라 물은 절대로 칼 아니라 별 것으로도 벨 수 없다.

당신과 나 사이에

사랑은
사탕을 달라고 보채는 아이처럼
삼일 굶은 뱃속처럼
남 몰래 꽃을 꺾어가는 바람처럼
제비다리를 부러뜨린 놀부처럼
더 마시고 싶어 안달하는 알콜중독자처럼
지천으로 깔려있는 애기똥풀처럼
그 많은
사랑 틈에 핀
반지꽃 같은 우리 사랑

당신과 나 사이에 절망의 꽃은 피지 않는다

『정성수의 아포리즘』

· 모든 문제는 인간관계에서 비롯된다. 세상에서 가장 어려운 일은 사람의 마음을 얻는 것이고 더 어려운 일은 사람을 잃고 가슴을 치며 후회하는 것이다. 소중한 사람을 아끼는 마음에서 그의 잘못된 점이나 단점을 고쳐 주려다가 그 사람을 잃는 경우가 있다. 그런가하면 자기 마음대로 관계가 안 풀리면 아예 관계를 끊어 버리기도 한다. 그리고 발등을 찍는다. 남는 것은 마음의 상처뿐이다. 그렇다. 적당한 거리는 단절을 모른다. 뿐만 아니라 상대를 향한 복수심을 키울 필요도 없다. 오히려 상대를 미워하는 마음이 생기지 않아 홀가분하고 편안하다. 그런 의미에서 보면 적당한 거리를 둔다는 것은 불필요한 적대적 상황을 피하고 감정적 소모를 줄이는 현명한 선택이라고 할 수 있다. 상처주기는 싫고 상처 받기는 죽어도 싫은 사람에게는 적당한 거리가 필요하다. 당신과 나 사이가 너무 멀어서 외롭지 않고 너무 가까워서 상처받지 않기를…

허파에 구멍을 뚫다

굴착기가 터널을 뚫고 있다
구멍을 내면서 앞만 보면서 전진하고 있다

어둠속에 뿌리를 박고 있던 흙과 자갈이
느닷없이 햇빛 아래로 끌려나와 가쁜 숨을 몰아쉰다
나무들이 놀라서 비명을 지른다
온갖 미물들이 땅바닥에 몸을 찰싹 붙인 채
두 눈을 깜빡인다

굴착기 진동소리 산천을 흔들 때 마다
하늘의 얼굴이 누렇다
흙과 자갈을 파낼수록 점점 커지는 구멍
산의 허파에 구멍을 내면
강과 바다가 죽는다는 것을 모르는
대한민국은 지금 공사 중

동해물과 백두산이 마르고 닳도록
애국가 첫 절을 부르면서
터널 속으로 캄캄하게 기어들어가고 있다

『정성수의 아포리즘』

· 차를 몰고 가다보면 여기저기 공사를 하지 않는 곳이 없다. 하수도 공사, 도로포장공사는 물론 전봇대를 세웠다 눕혔다 야단이다. 멀리서는 산을 깎고 둑을 쌓느라 포클레인이 땅을 파고 트럭이 정신없이 흙을 실어 나른다. 나무가 제 몸을 흔들고 돌이 비명을 지른다. 길을 넓히고 터널을 뚫으면 삶의 질이 높아진다고 몇몇 사람들은 말한다. 그 말을 믿는 사람 얼마나 될까? 지구가 분해되는 날까지 공사는 끝나지 않을 것이다. 인간들은 파헤치고 뜯어고치는 일을 안 하면 몸이 근질근질해서 못 견디나 보다. '설령 내일 지구의 종말이 온다하더라도 나는 한 그루의 사과나무를 심겠다.'는 스피노자가 지하에서 호통치는 소리 들린다.

산의 말씀

열 받은 사람은 오지마라

올라올 때 꽃을 보고
내려갈 때 향기를 한 아름 안고 갈
그런 사람들만 오라

아무나 들락거리는 곳이 산이 아니다

산을 산처럼 생각하고 산을 산으로 섬길 줄 아는
깨끗한 사람들만 오라
산이 좋아 산에서 살다가
산에 묻힐
그런 사람들만 오라

심심해 죽겠으니
산이나 가야겠다고 쉽게 말하는 사람들은
절대 오지마라

『정성수의 아포리즘』

· '산에 오르는 일은 삶과 같다'고 했다. 산에 가면 단숨에 정상에 도달하는 사람이 있는가 하면 산이 너무 높다고 구시렁거리다 돌아오는 사람도 있다. 산은 오르면 오를수록 힘이 드는 것은 사실이다. 그러나 힘든 만큼 얻는 성취감도 크기 때문에 힘이 들어도 참고 견디어야 한다. 정상에 올랐을 때의 쾌감은 오른 자만이 느낄 수 있는 참맛이다. 논어論語 옹야편翁也篇에서 공자가 말했다. '지자요수 인자요산 智者樂水 仁者樂山' 이는 '지혜로운 자는 물을 좋아하고 어진 자는 산을 좋아한다.'는 뜻이다. 열 받았다고, 할일이 없어 심심하다고, 산에 가는 사람 모두 넓은 가슴으로 받아준다.

무릎에서

잠들지 마라 내 무릎을 베고 있는 그대여
먼 길을 돌아온 그대가
무거운 눈꺼풀을 내려놓으면
그대의 머리카락도 잠들 것이니
취하고 싶다
그대의 머리 내음에 젖어들고 싶다
사는 일에 무릎을 자주자주 꿇던 내 지난날이
그대에게 무릎을 맡겼나니
잠들지 마라
그대가 꿈길을 따라가면 내 먼저 가서
길 가에 사랑 한 자락 깔고 앉아 그대를 맞으리라
우리들의 이야기 끝나는 그 시간까지
그대여 잠들지 마라
내가 무릎을 내 주고 있는 동안 잠들지 마라

『정성수의 아포리즘』

· 연인이라는 말 속에는 한때 가슴속에 한 살림 차렸던 사람의 머릿결 냄새가 난다. 연인에게 듣고 싶은 말 '보고 싶다' '사랑해' '너밖에 없어' '너를 믿어' '네가 최고야' 그러나 연인에게 절대해서는 안 되는 말이 있다. 가령 '말해봐. 너에게 난 뭐야?' '비밀 번호 알려줘' '치이! 오늘 너무 재미없다' '옛날 걔는 말이야' '너 살쪘구나?' '넌 몰라도 돼! 내가 알아서 할게!' '남자가 말야, 여자가 말야' '우리 헤어지자' 무의식중이라도 이런 말을 하면 그 순간 찢어지고 만다. 말 한 마디로 천 냥 빚을 갚는다는 옛말. 허투루 듣지 마라. 조석으로 해도 물리지 않는 말은 '사랑해'라는 그 흔한 말이다.

부석사 배흘림기둥

부석사에 가거든
무량수전 배흘림기둥에 가만히 귀를 대 보아라
어머니가
그대를 열 달 동안 뱃속에 담고
입가에 피워냈던
꽃 같은 미소가 보일 것이다

배흘림기둥을 가만히 안아보아라
어머니가
저녁 해거름에
빨리 와서 저녁 먹으라고
그대를 부르는 소리가 걸어 나올 것이다
부석사에 가거든
배흘림기둥 속 어머니를 만나보아라

* 부석사 : 경북 영주시 부석면 봉황산 중턱에 있는 절.

『정성수의 아포리즘』

· 부석사에 있는 국보 제18호인 무량수전無量壽殿은 주심포 기둥이 절묘한 배흘림기둥(아래 중간 부분이 불룩한 나무 기둥)인 것으로 유명하다. 특히 고려 중기의 건축물로 우리 민족이 보존해 온 목조 건축 중에서는 가장 아름답고 가장 오래된 건물이다. 무량수전은 서방극락정토의 책임자인 아미타여래阿彌陀如來를 모시는 불전을 뜻한다. 무량수전은 화강암의 높은 기단 위에 남쪽을 향해 서 있으며 평면구조는 앞면 5칸, 옆면 3칸으로 된 팔작지붕으로 되어있다. 처마의 네 귀에 모두 추녀를 달고 기둥은 배흘림수법을 썼다. '나는 무량수전 배흘림기둥에 기대서서 사무치는 고마움으로 이 아름다움의 뜻을 몇 번이고 자문자답했다.'는 전)국립중앙박물관장이었던 혜곡 최순우님의 해쓱한 얼굴이 보이는 듯하다. 사실은 배흘림기둥에 기대서서 어머니를 생각한 것은 아닌지? 아리송하다. 멀찍이서 바라봐도 가까이서 쓰다듬어 봐도 무량수전은 의젓하고 너그러운 자태로 근시안적 거드름이 없다.

늙은 호박

안방에 호박 하나 누워 있다
엊그제까지만 해도 논두렁 밭두렁에 절푸덕 주저앉아
콩을 심고 고구마 순을 따주던
호박 늙은 호박
서산마루에 해가 뉘엿뉘엿 지자
관절마다 바람이 들고 잔기침을 하기 시작하더니
자리를 깔고 말았다
한 때는 꽃이었다
아무도 봐 주지 않는 꽃 호박꽃도 꽃이라고
치마 밑에 불을 지르고 싶었다
온몸에 줄을 그으면 수박이 되는 줄 알았다
호박은
바람이 되어 세상을 한 바퀴 돌아봐야 한다고 생각했다
엉덩이가 짓무르도록 아랫목을 차지하고는
호박떡이 되거나 호박죽이 되는
꿈을 꾸고 있다
그리하여 한 끼의 근사한 식사가 되는 것이
최선이고 최후라고 생각하고 있었다
늙은 호박은

『정성수의 아포리즘』

· 인생에서 가장 어려울 때 가장 위급할 때 부르는 이름, 어머니! 어머니는 정신적·육체적 근원이자 뿌리다. 삶의 전반에 걸쳐 미치는 어머니의 가르침이나 어머니의 그늘이 크고 넓다는 것은 아무도 부인하지 못할 것이다. 그러나 우리들은 복잡하고 정교하게 얽혀 있는 어머니와의 관계와 이것이 미치는 영향에 대해 깊이 생각하지 않고 한 생을 보낸다. 안부 전화 한 통에도 인색한 자식들의 가슴에도 어머니는 영원히 죽지 않고 살아있다. 나이를 아무리 많이 먹을지라도 어머니라는 말에는 아이가 되고 만다. 세상에서 가장 아름다운 말, '어머니 우리 어머니!' 여자는 약하지만 어머니는 강하다. 요리사 자격증 하나 없는 어머니의 된장국은 피가 되고 살이 된다.

망해사 望海寺

망해사에서 바다를 보며 마음의 목탁을 두드린다

잊어버리고 싶은 것들을 잃어버리고 싶어서
가슴으로 목탁소리를 낸다

소리 몇 개는 허공으로 날아가 새가 되고
소리 몇 개는 물고기가 되어 물속으로 사라진다

그리하여 망망한 바다는
망해望海였다가 망해亡海이고 싶었다가

지는 해가 늙은 팽나무에게 오래도록 등을 맡긴다

* 망해사 : 전북 김제시 진봉면 신포리 소재 사찰

『정성수의 아포리즘』

· 전북 김제시 진봉면 심포리에 있는 망해사望海寺는 하루 종일 바라만 봐도 마음이 넉넉해진다. 저녁 무렵 앞마당에서 바라보는 낙조는 그야말로 장관이다. 낙서전 앞에 있는 팽나무는 선조 22년 진묵대사震默大師가 낙서전을 창건하고 기념으로 심었다고 전해지고 있다. 이 나무는 봄에 노란색 꽃을 피우고 가을이면 까만 열매를 조롱조롱 맺는다. 인연이라는 말을 아는 사람들은 우뚝 선 큰 나무를 '할배나무'라고 부르고 옆의 작은 나무를 '할매나무'라고 부른다. 생각나는 사람 있거든 팽나무에게 오랫동안 등을 내주고 바다 속으로 침잠하는 생을 들여다보라. 어찌 소매 끝이 젖지 않겠나?

감나무

허리통이 굵은 감나무가 까치집을 이고 있다
내리 육남매를 낳더니 홀쭉해진 배를 안고
안마당을 지키고 있다
까치가 동구 밖을 내다보는 아침
가을이 가는 소리
소소소 감나무 잎이 진다
가지 끝 감들이 단내를 풍기면
늙은 감나무는
서산에 지는 해의 허리띠를 붙잡고
아쉬움의 눈짓을 보냈다
굴뚝에서 낮은 저녁연기
피어오르는 저녁에는
지상을 내려다보는 감이 아슬아슬하였는데
가슴이 쭈굴쭈굴한 감나무는
육남매의 안부를 묻는 꿈을 청하는 것이다
창호문에 걸어 둔 보름달이
유난히 환한 그런 가을밤이었다

『정성수의 아포리즘』

· 고향집 뒤뜰엔 오래된 감나무가 세월의 무게를 버티고 서 있다. 봄이면 감꽃을 실에 꿰어 목걸이나 팔찌를 만들었다. 여름에는 풋감을 주워 작은 항아리에 담고 물을 부어 2~3일이 지나면 떫은맛이 빠진 감을 건져 먹기도 했다. 꿀맛이라는 말을 안 것도 그 때였다. 풋감을 깨뜨려 검정고무신에 바르기도 했다. 아버지가 읍내에 나가실 때 신으시는 구두보다도 더 윤이 났다. 빛나는 검정고무신을 신고 냇가로 학교 운동장을 나르듯이 뛰어다니기도 했다. 감나무에 그네를 매어 타고 놀다가 줄이 끊어져 부러진 팔은 한동안 얌전한 아이로 만들기도 했다. 이제 아무도 살지 않는 고향집 뒤뜰에서는 어깨 위로 삶의 편린들이 떨어지듯이 늙은 감나무 마른 잎이 떨어지고 있다.

너를 사랑해

밤하늘에 뿌리면 별이 된다고
땅에 심으면 꽃이 핀다고
사랑은
그런 것이라고 말하는 너를
사랑해

하늘에서 반짝이는 별들은
현기증을 모르고
땅에 핀 꽃들은
눈물을 모른다고 말하는 너를
사랑해

사랑은
별이 뜨는 날에도 꽃이 지는 날에도
당신과 나 사이에 있다고 말하는
너
너를 사랑해

『정성수의 아포리즘』

· 사람들은 다양한 모습과 다양한 방식으로 사랑을 한다. 어떤 사람은 감정적이고 육체적인 사랑을 생각하고, 어떤 사람은 친구 같은 사랑을 꿈꾸고, 어떤 사람은 연인 같은 사랑을 원한다. 미국 터프츠대학 심리학자 로버트 스턴버그Robert Sternberg는 사랑의 삼각형 이론 Triangular theory of love을 제안했다. 3가지 구성 요소는 열정Passion·친밀함Intimacy·헌신Commitment다. 열정은 사랑하는 사람에 대한 뜨거운 마음이고, 친밀감은 상대방과 정서적으로 연결되어 있다는 느낌이며, 헌신은 사랑을 지속하도록 서로를 단단하게 묶어주는 끈과 같은 것이라고 했다. 그에 의하면 열정은 사랑의 초기에 강렬하게 나타나지만 시간이 지나면서 점점 줄어드는 반면에 친밀감과 헌신적인 태도는 시간이 지나면서 발전한다고 한다. 그렇기 때문에 어떤 사람은 열정이 사랑이라고 생각하고, 어떤 사람은 친밀감이 사랑이라고 생각한다. 반면에 어떤 사람은 헌신이 사랑이라고 생각한다. 3가지 요소가 균형을 이룰 때 진정한 사랑이다.

우리 집은 공사 중

아내가 우리 집은 냉장고 한 대 놓을 자리가 없다고
볼멘소리를 한다
집이 콧구멍만 해서 손님이 와도
엉덩이 하나 붙일 자리가 없다고 아예 내놓고
불평을 한다
아내의 불만을 리모델링하기로 했다
인부들이 식구들을 모조리 현관 앞에 내놓더니
공사를 한다
거실 문턱을 뜯어내고 베란다를 넓힌다
방바닥에 뿌리를 박은 보일러선도
영문을 모른 채 끌려나와
비명을 지르며 공사를 한다
이 날 이때까지 든든히 등을 보이던 벽도
오함머를 얻어맞더니 와르르 무릎을 꿇고 공사를 한다
콧구멍이 벌름거리고 입이 찢어지면서
아내는 여기저기를 가리키며 손가락으로 공사를 하고
나는 멀뚱히 서서 공사를 한다
우리 집은 지금 열나게 공사 중이다

『정성수의 아포리즘』

· 요즘은 집의 구조를 바꾸는 것은 기본이고 인간의 몸까지 리모델링을 하는 시대다. 얼굴을 완전히 뜯어고치는 '페이스오프'란 영화가 있었다. 성형외과에서 '페이스 오프Face Off'라는 상품명으로 얼굴의 윤곽-턱-코-눈을 성형한다니 놀랍지 않은지? 여기저기 성형을 하다보면 원래 모습은 간데없고 전혀 다른 사람으로 태어나기도 한다. 욕망은 욕망을 낳는다. 끝없는 욕심은 결국은 파멸뿐이다. 성형을 자주 하다보면 약물의 피해를 보기도 한다. 소학의 효경 편에 '신체발부身體髮膚는 수지부모受之父母니 불감훼상不敢毁傷이 효지시야孝之始也' 라는 말이 있다. 이는 '부모님으로부터 물려받은 몸은 소중한 것이므로 머리카락 하나라도 함부로 하여서는 안 된다.'는 것이다. 진정으로 우리들이 해야 할 리모델링은 차디찬 가슴이다.

폭설

창밖에 폭설이 내리고 있었다
폭설은 온갖 시시비비를 덮어버리고 싶은 것이다
그대에게 상처 받고 욱신거리는 갈비뼈를
치유하고 싶은 것이다
아담과 이브의 동산에 하늘이 내려와
폭설이 되었다
닫아 걸은 창문을 두드리며 울부짖는 것이다
세상의 상처들은 동안거冬安居에 들어갔다
폭설은 폭설에 갇혀서 한 백년쯤
꼼짝 않고 동면하다가
아름드리나무 뿌리 밑에서
새살이 돋을 때까지
죽은 듯 살아서 봄을 기다리는 것이다

『정성수의 아포리즘』

· 내 평생에 이런 눈은 처음이라며 아버지가 난감해 하신다. 아버지는 난감할 일이 있을 때는 새끼손가락으로 귀를 후볐다. 귀속에서는 간밤에 내린 폭설이 비닐하우스를 무너뜨리고 세상의 길이란 길은 모두 막아버리고 있었다. 이때 동네 고샅에 멀대 같이 서 있던 때죽나무가 어깨를 들썩이었다. 가지 끝에 앉았던 까치 한 마리가 허공에 점하나 찍자 스피커에서 이장 오탁번씨가 숨넘어가는 소리로 방송을 한다. *'워메, 지랄나부렀소잉! / 어제 온 눈은 좆도 아닝께 싸게싸게 나오쇼잉! / 인자 우리 동네 몽땅 좆돼버렸쇼잉' 삼동에도 웬만해선 눈이 내리지 않아도 좋은 날, 아버지가 굽은 등을 보이며 대문을 나선다.

주) 오탁번의 '폭설'에서 인용

사랑 앞에 무릎 꿇은 당신

제2부

사랑 앞에 무릎 꿇은 당신

선운사 동백

화끈하게 피었다 화끈하게 지는군

한 번 왔다가 한 번 가는
사랑도
저리했으면 좋겠네

꽃이 붉은 것처럼 내 마음도 붉었으면 좋겠네

내가 그대 안에서 피었다가 질 때
목을 꺾는 꽃처럼
나 또한 그랬으면 좋겠네

그러나 아무리 마음을 다 잡아도
내 마음을
나도 어쩔 수가 없네
선운사 동백처럼
화끈하게 피었다 화끈하게 지질 못하네

『정성수의 아포리즘』

· 선운사 동백나무 숲은 백제 위덕왕威德王 24년 선운사가 세워진 후에 만들어진 것이다. 꽃은 피는 시기에 따라 춘백春栢, 추백秋栢, 동백冬栢으로 부른다. 천연기념물 184호 고창 선운사 동백은 춘백에 속한다. 대웅보전 비탈진 언덕으로 수천 그루의 동백나무가 있어 동백꽃을 피운다. 흰 눈 덮인 푸른 잎새 사이로 봄이 오면 화사했던 동백은 순간 목을 뎅강 긋는다. 꽃이 가장 많이 피는 시기는 대략 4월 중순에서 말경이다. 봄의 가운데서 동백꽃을 만나고 돌아올 때 풍천장어 한 점에 복분자 몇 잔 마시고 얼굴이 불콰해지면 선운사 동백꽃을 제대로 본 것이다. 누가 알겠는가? 혹시 등 뒤에서 동백꽃 한 송이 피어날는지!

신발 한 짝

옆구리가 터지도록 걸어왔을 것이다
한 때는 정신없이 뛰기도 했을 것이다
한 짝은 보이지 않는다
쇠푼이나 주고 산 것이라고 상표가 증명하고 있다
짝과 함께 한 몸이 되어 주인이 끄는 대로
끌려 다녔을 신발
어느 부잣집 막내아들이 미련 없이 버린 것인지
어떤 제비의 명품세트 중 하나인지 모른다
지나온 길 다 버리고 쓰레기장에서 묵묵한
속창아리까지 보여주고 있는
신발 한 짝
알고 있다 생이 끝났다는 것도
발바닥 부르트도록 찍었던 길 다 지워졌다는 것도

『정성수의 아포리즘』

· 신발은 걷기 위해서 존재한다. 운동 차원에서의 '걷기'가 아닌 자기 자신에게 충실할 수 있는 방편으로서의 걷기, 현대의 속도로 부터 벗어나기 위한 걷기, 몸에 베푸는 혜택으로서의 걷기를 의미한다. 그래서 걷기 예찬은 삶의 예찬이고 생명의 예찬이며 동시에 인식의 예찬이라 할 수 있다. 키에르 케고르Kierkegaard는 친구에게 보낸 편지에서 '나는 걸으면서 내 가장 풍요로운 생각들을 얻게 되었다. 걸으면서 쫓아 버릴 수 없을 만큼 무거운 생각이란 하나도 없다.'라고 썼고 루소Rousseau는 '걷기는 고독한 것이며, 자유의 경험, 관찰과 몽상의 무한한 원천, 뜻하지 않는 만남과 예기치 않은 놀라움이 가득 찬 길을 행복하게 즐기는 행위'라고 했다. 신발은 한 짝이 아닌 두 짝일 때만 신발이다. 아무리 비싼 신발도 한 짝만 남으면 쓰레기다!

사랑별

내 가슴에 별 하나 잠들었다
박꽃보다 희디 흰
꽃 같은
별

천상의 문턱에 사다리를 걸쳐놓고
밤새도록 올라가서

별나라 주인님께
천일 동안 무릎 꿇고 허락받아
지상으로 업고 온 별

쌔근쌔근 잠들었다 아기처럼
아무도 살지 않는
내 빈 가슴에
눈은 감고 마음을 열어 놓고

『정성수의 아포리즘』

· 논어 12권 10장에 '애지욕기생愛之欲其生'이라는 말이 있다. 이는 '누군가를 사랑한다는 것은 그 사람이 살게끔 하는 것'이다. 바꿔 말하면 그 사람이 원하는 대로 살게 해주는 것이 사랑이라고 했다. 여기서 사랑이란 상대방을 내 우산 속에 들어오게 하는 것이 아니라 우산을 건네주면서 직접 쓸 수 있게 도와주는 것이다. 우리들은 상처받기 위해 사랑하는 게 아니라 사랑하기 위해 상처 받는다는 것을 알아야 한다. 삶이 힘들고 괴롭다고 해도 버틸 수 있는 것은 어쩌면 사랑의 힘인지도 모른다. 그러고 보면 사랑하는 사람에게 건넬 수 있는 최상의 말 '당신 때문에 나, 오늘을 살고 있습니다.' 이 한마디가 모든 허물을 덮을 수 있다. 사랑한다고 말하는 것은 세상에서 가장 쉬운 일이다. 어려운 것은 사랑을 증명하는 것이다.

붕어빵과 생강나무

붕어빵에만 붕어가 없나 생강나무에도
생강은 없다네
잔설이 녹기 시작할 때쯤이면
붕어빵은 스스로 하안거夏安居로 들어가고
생강나무 꽃은 서둘러 핀다네
이른 봄 한 뼘 먼저 꽃을 피우는 생강나무
생강 냄새가 코끝을 아리게 하네
부처님 앞에 올리는 공차供茶로
생강나무차를 썼다는 북촌 사람들
참새 혓바닥 같은
생강나무 새순을 작설차雀舌茶라고 부른다네
붕어빵에서 붕어 한 마리 걷어 올리고
생강나무에 생강이 열리면
우리는 한 생을 사는 것 같이 산 것이라네

『정성수의 아포리즘』

· 남을 속여 곤경에 빠뜨리고 힘들게 하거나 슬프게 하는 거짓말을 들으면 불쾌하거나 불안하다. 하지만 때로는 거짓이 상대방을 행복하게 만들기도 한다. 예쁘게 보이는 화장실의 조명과 실제 몸무게보다 적게 나가는 아날로 체중계, 피부가 하얗게 나오는 휴대전화 카메라와 실제보다 날씬해 보이는 거울은, 사실이 아님을 알지만 사실처럼 보여 행복한 마음을 갖게 한다. '오늘따라 더 아름다워 보이십니다.' 한 마디가 하루를 즐겁게 한다. 사실이 아닌 것을 사실처럼 확신을 가지고 말하거나, 자신에게 일어났던 일을 왜곡하여 말하는 것을 공상허언증이라고도 한다. 공상허언증은 본인의 거짓말을 사실로 믿는다는 데 문제가 있다. 병적 허언과 회상착오가 반복되면 공상허언증이라 하고 사기병과 연결되면 뮌흐하우젠증후군 Münchausen syndrome으로 부른다. 붕어빵에 붕어가 없고 생강나무에 생강이 열리지 않아도 좋은 것처럼…

면벽

사람의 등이 벽일 때가 있다
절벽 앞에서 절망하며
면벽을 해 본 사람은 안다
바람소리 새소리 허공에 매달려 있을 때
적막강산이라는 것
묵언 속 숨긴 말씀 쏟아지겠다
정지해 있는 것은 모두 고요다
상처받은 짐승도 벽 앞에서는 웅크린다
가부좌를 틀었으면
마음의 문을 열어라
돌주먹을 펴면 그 때 손안에 흰 눈이 내린다
잠시 눈을 감고 세월의 바퀴를 돌리면
섰던 벽도 눕는다
절망이 끝나는 날 죽은 자들은
하늘로 올라가 별이 되리라
벽 앞에서 울고 있는 나무가 있다

『정성수의 아포리즘』

· 선승이 좌선할 때 잡념을 막기 위하여 벽을 마주하고 앉는 것을 면벽面壁이라고 한다. 본시 면벽이란 벽 앞에서는 더 이상 물러날 곳이 없다는 말이다. 불퇴전의 의지로 진리를 찾아 나아가는 용맹정진의 의미다. 그러나 요즘의 면벽은 진리를 찾는 생사결의 의지가 아닌 더 이상 나아갈 길이 없다는 절망과 좌절의 몰골이라고 아니할 수 없다. 불가에서 말하는 면벽참선은 벽을 바라보고 진리를 탐구하는 것이다. 중국 선종의 시조인 보리달마菩提達磨. Bodhidharma가 숭산의 소림사에서 9년이라는 시간을 면벽수행을 하고 진리를 깨달았다는 구년면벽九年面壁. 사람들은 그를 가리켜 '벽을 보는 바라문壁觀婆羅門'이라 한다. 아무것도 없는 벽을 바라보면서 자신의 마음속을 들여다보라. 뭐가 보이는지?

첫 만남

안사돈의 무릎에서 쌔근쌔근 잠들어 있는
손자에게 입속말을 했다
손자야 공부 잘하는 사람도
돈 많이 버는 사람도 되지마라 그게 결국은
잘 먹고 잘 살자는 것인데
우리가 발버둥치는 것은 발에 흙을 묻히지 않고
세상을 건너가겠다는 것이 아니더냐
눈치코치 보면서 한 세상을 사느니
흙을 사랑하는 사람이 되거라
다만 아침에 일어나 흙을 밟고 밤이 되면
흙집에 누워서 별을 보거라
최초의 인간들인 아담과 이브도
흙이었느니라
한 이레도 안 간 손자가 배냇미소를 지으며
할애비의 말을 꼭꼭 씹어 삼킨다

『정성수의 아포리즘』

· 인연에는 필연과 우연이 있다. 하늘의 인연은 필연이다. 땅의 인연은 우연이다. 그렇기 때문에 만남은 하늘에 속한 일이고 관계는 땅에 속한 일이다. 하늘이 우리에게 보내준 부모, 자녀, 형제 그리고 땅에서 만난 이웃, 친구, 동료들과 아름다운 관계를 유지해야 한다. 그러기 위해서는 시간적·물질적인 투자를 해야 한다. 효과는 투자에 비례한다는 말이 있다. 확실한 투자는 반드시 좋은 결과가 온다. 필연과 우연의 관계는 변증법적 연관 속에서 존재한다. 어떤 조건 아래서 발생할 수 있지만 반드시 발생할 필요가 없다는 것이다. 주어진 조건에 의해서 규정되지 않거나 최소한 일의적으로 규정되지 않는 사건을 우연적이라 한다. 따라서 필연과 우연은 대립물이다. 같은 관계 아래서 같은 조건에 있을 때 어떤 사건은 항상 필연적이거나 우연적이다. 그렇지만 필연과 우연의 대립은 절대적은 아니다. 필연을 절대화하면 숙명론에 빠지고, 우연을 절대화하면 비결정론에 빠지게 된다.

그런 밤

사네 못사네 한바탕 전쟁을 치루고
서로의 등을 보이며 돌아누웠다

뒤척이는 아내의 마음에
내 마음을 얹어보았다
이 넓은 세상에 포갤 곳은 여기뿐이라는 생각이 들자
밉던 마음이 사라졌다

사네 못사네가 아니라 이렇게라도 살아갈 수 있는
전쟁터가 있다고 생각하니
울컥 목이 메었다
손을 뻗어 손을 잡자
손등에 묻어 온 눈물이 짜다

포탄이 떨어진 자리에도 꽃은 핀다

『정성수의 아포리즘』

· 잉꼬부부라고 하면 남편은 아내를 위해서 모든 것을 다 해주고 아내는 늘 생글생글 웃는 얼굴로 남편을 대하는 줄 안다. 사실은 그렇지 않다. 이들도 화를 내고 오해도 하며 싸우기도 한다. 다만 싸우는 방법과 화해의 방법이 다를 뿐이다. 평소에 '긍정적인 감정을 얼마나 쌓았는가, 얼마나 서로를 배려하고 감사하는가, 호감과 존중을 보였는가.' 하는 점이 다를 뿐이다. 부부 싸움의 궁극적인 목적은 잘 살자는 것이다. 그러므로 이기려고만 하지 말고 대화와 설득으로 이해시켜야 한다. '부부 싸움은 칼로 물베기'가 아닌 '물은 칼로 벨 수 없다.'는 말처럼 흔적이 없어야 한다. 상처를 내는 것은 장도長刀가 아니라 세 치의 혀다.

접수

고양이 한 마리가 담장 위에 웅크리고 앉아서 달빛을 핥는다
활처럼 휘어진 등은 참을 수 없는 허기다
대나무 사이에서 뒤척이는 굴뚝새
쏴아~쏴아~ 귀신 곡소리 같은 댓바람 소리에
잠이 천리 밖으로 도망갔다
삼일 낮 삼일 밤을 굶은 고양이는 허공에 코를 대고
흠흠 거리고
제 심장 뛰는 소리에 굴뚝새는 흠칫 흠칫 놀란다
겨울밤은 팽팽하게 깊어가고
저승사자 발자국 소리 저벅저벅하다
한 생명이 한 생명을
순간
접수한다
사내 하나가 이불을 뒤집어쓰고 굴뚝새의 주검을 본다

『정성수의 아포리즘』

· 프랑스의 지성인 자크 아탈리Jacques Attali가 쓴 '살아남기 위하여'에는 살아남기 위한 방법 7가지 원칙을 제시하고 있다. 그 원칙은 자긍심의 원칙 (제대로 살고 싶다는 욕망을 가져라), 전력투구의 원칙(인생을 장기적인 안목으로 설계하라), 감정이입의 원칙 (겸허하며 여유를 가져라), 탄력성의 원칙 (위협요소의 대책을 강구하고, 충격을 견뎌내는 능력을 길러라), 창의성의 원칙(창의적인 방법을 총동원하라), 유비쿼터스의 원칙 (정체성을 유지하며, 이미지를 재조정하라), 혁명적 사고의 원칙 (저항할 채비를 갖춰라)이다. 7가지 원칙을 지킨다는 게 국가나 개인이나 쉬운 일은 아니다. '천천히 가는 사람은 건강히 멀리 간다.'는 이탈리아 속담 '바피아노란'은 시간만이 유일한 희귀재이므로 느리게 행동할 수만 없지만 너무 서두르지는 말아야 한다는 뜻이다. 아직 시간은 있다.

잔소리

그 놈의 술 좀 그만 먹어요 담배도 작작 피고
뱃살도 좀 빼고
눠서 뒹굴기만 하지 말고 운동 좀 하세요
일찍 들어와서 애들하고 놀아주면 어디가 덧나요?
아내가 바가지를 득득 긁는다
안 되겠다 싶었는지
여보 제발 우리 친정에도 전화 좀하고
아버님께도 자주 찾아뵙시다
그리고 운전할 때는 살살해요 무서워 죽겠어요
한 달에 한 번이라도 외식하고 영화 한 편 보는 게 그렇게 어려워요?
바가지가 안 통한다고 생각했는지
바가지를 살살 긁는다

아내가 친정에 갔다
아흐~
살 것 같다

『정성수의 아포리즘』

· 횟감으로 사용될 물고기들을 상어가 쫓아다니는 광경을 보았는지? 이는 물고기가 오래 살도록 긴장상태를 유지시켜 주는 것이다. 물고기가 수족관에서 일찍 죽는 것은 태만하고 긴장이 풀어져 운동량이 떨어졌기 때문이다. 남편들도 마찬가지다. 아내가 있으면 항상 움직여야 하고 긴장을 하게 된다. 그렇기 때문에 남편들은 오래 산다. 통계를 보면 혼자 사는 남자 보다 아내와 함께 사는 남편의 수명이 길다고 한다. 아내들은 게으른 남편들을 가만두지 않는 수족관의 상어 역할을 톡톡히 한다. 아내란 이름은 아담과 이브가 에덴동산에서 쫓겨나오던 그 순간에 받은 하늘의 선물이다.

덕지리의 초저녁

덕지리의 여름 해는 늦게 일어나서 일찍 제 집을 찾아간다. 저녁밥을 뚝딱 해치우고 관사를 나왔다. 슬리퍼를 찔떡찔떡 끌고 나는 학교 앞 개울가로 갔다. 두 발을 물에 담그고 하늘을 본다. 별 하나가 사선을 그어대며 서산 뒤로 사라진다. 사라지는 것은 모두 흔적이 없다. 은사시나무 가지에 부리를 묻은 새가 날개를 퍼덕이는지 나뭇잎이 뒤척인다. 개울물이 어둠을 풀어 보내는 동안 돌 틈에서 눈두덩이 붉은 물고기 한 마리가 밤하늘을 본다.

덕지리의 초저녁은 풀벌레 울음소리에도 속눈썹이 젖는다. 개울물 속에 별들이 참 많이도 모여 산다.

· 덕지리 : 전북 무주군 무풍면 소재

『정성수의 아포리즘』

· 법륜스님의 '외로움을 이기는 법' 한 대목은 이렇다. '혼자 있어도 마음의 문을 열고 있으면 외롭지 않아요. 마음이 열려 있으면 하늘이 있고, 땅이 있고, 새가 있고, 나무가 있음을 느낍니다. -중략- 그런데 마음의 문을 닫고 있으면 혼자 있을 땐 외로워 못살고, 같이 있으면 귀찮아서 살 수가 없다고 합니다.' 현대인들은 '군중 속의 고독'을 느끼며 '절대고독' 속에서 살아간다. 외로울 때는 누군가의 손을 잡아보라. '인간은 누구나 외롭다.'고 스스로 위로하면서 부모님의 거친 손, 연인의 따뜻한 손, 아이들의 귀여운 손을 잡으면 세상이 밝고 마음이 환해질 것이다.

다문화학교

어서 오십시오 교문을 활짝 열어놨습니다. 월남에서 온 엄마도, 중국에서 온 엄마도, 일본에서 온 엄마도, 불란서에서 온 엄마도, 러시아에서 온 엄마도 환영합니다. 대한민국이 좋아서 대한민국으로 시집 온 엄마들, 모두모두 환영합니다.

다문화학교에서는 국적을 가리지 않습니다. 인종차별을 하지 않습니다. 어느 나라 사람이냐가 문제가 아니라 얼마나 열심히 배울 각오가 되었느냐가 관건입니다.

문화가 다르다고 인간이 다른 것은 아닙니다. 문화는 다문화지만 사람은 똑 같습니다. 얼굴이 달라도, 말씨가 어눌해도, 다문화학교서는 오르지 대한민국을 사랑하는 마음 하나면 뭐든지 배울 수 있습니다.

다문화학교는 세계는 하나라는 다른 말입니다

『정성수의 아포리즘』

· 국가적 차원에서 정부는 다문화 사업에 예산을 전폭적으로 지원하는가 하면 각종 기업, 교육기관, 시민단체 등에서도 다문화 지원에 자발적으로 참여하고 있다. 매체에서도 다문화에 대한 관심은 대단하다. 이제 다문화 가정은 특이한 것도 특별한 것도 아닌, 하나의 평범한 가정으로 바라보는 시각의 전환이 필요한 때다. 특히 다문화 가정들이 한국에 정착하여 살아가는 데에 있어서 피부색과 외모가 다르다는 이유로 차별과 폭력에 시달리면 안 된다. 이제는 다름을 인정하는 사회적인 인식 형성과 그들을 보듬어 안는 열린 마음이 필요한 때다.

그냥 그리워만 하자

멀리 있는 것을 애써 잡으려고 하는 것이나
돌아선 사람에게 눈물로 애원하는 것이나
부질없는 일이다
사랑에 목숨을 거는 것은
더 부질없는 짓이다

모든 것은 때가 되면 왔다가 때가 되면 간다
바람도 왔다가 가고
욕망도 왔다가 가고
눈물도 왔다가 가고

못 견디게 그리운 날에는 그리워하자
두 눈을 감으면
떠난 것들이
돌아와 위로할 것이니

그냥 그리워만 하자

『정성수의 아포리즘』

· 그리움은 물리적으로 정신적으로 멀리 있다는 의미다. 만날 수 있고 찾아갈 수 있다면 그것은 그리움의 범주 밖이다. 떠난 사람을 그리워하며 젖은 눈빛을 보낸다는 것은 가슴에 고인 슬픔을 퍼내고 비워내는 일이다. 그리움은 여전히 기억 속에 남아서 오장을 긁어댄다. 추억으로 간직하고 살아도 좋을 사랑을 잊지 못해 안타까운 것이다. 한생을 그리워 한다는 것은 노을 뒤편으로 가서 잠들 한 그림자를 생각하는 것이다. 시간이 흘러 다음 세상에서 만나는 인연이라 할지라도 이승의 사랑이 진짜 사랑이다. 어느 여름날 소낙비처럼 문득 찾아올지라도 그리움은 변함이 없어야 한다. 그리워 한다는 것은 아직도 사랑하고 있다는 것이다. 한사람을 그리워 한다는 것은 빈 가슴을 한 서러움으로 채우는 일이다. 채워진 서러움을 눈물로 퍼내면서 가슴을 쥐어뜯는 일이다. 젖은 가슴을 파먹으며. 아픔을 사랑하는 것이다.

가을마당

아버지가 술을 마신다 콩타작을 하다 말고
가을마당에서
주전자꼭지를 입에 물고
벌컥벌컥 마신다

막걸리 한 주전자를
숨도 쉬지 않고
마른 논에 물을 대듯이

아버지가 가을마당에서
늙은 주전자가 되어 햇빛에 주름살을 말리고 있다

가을마당에서
콩들이
이 바쁜 가을에 이 바쁜 가을에
저희들끼리 콩타작을 한다

『정성수의 아포리즘』

· 태평양 연안에 천축天軸잉어라는 바닷고기나 우리나라의 가시고기는 암놈이 알을 낳으면 수놈이 그 알을 입에 담아 부화시킨다고 한다. 입에 알을 담고 있는 동안 수컷은 아무 것도 먹을 수가 없어서 알들이 부화하는 시점에는 기력을 다 잃어 죽고 만다. 영문도 모르는 치어들은 제 아비의 살을 뜯어먹는다. 부모가 자식을 향한 마음은 천축잉어나 가시고기와 같은 심정일 것이다. '무능하고 융통성 없는 아버지를 원망하면서 살아왔습니다. 그러나 내가 아버지가 되고나서야 아버지가 보이기 시작했습니다.' 이 말을 듣는 순간 아버지라는 이름이 얼마나 외롭고 쓸쓸한 것인지 알았다. 경제가 어려울수록 더욱 외로워지는 이름, 아버지! 평생 무거운 짐을 지고 가는 우리들의 아버지, 그 이름 앞에 세상의 자식들은 모두 무릎을 꿇어야 한다.

너희가 젊은이라면

젊은이들아 천천히 가라 너희가 젊은이라면
곧은길만 가지 말고
길을 구부려서 가라
가슴을 펴고 앞산에 눈길을 주면서
당당히 가라
쭈뼛쭈뼛 걸어가는 젊은이는 되지 마라
이 세상에 어둠이 온다할지라도
급하다고 뛰지 말고
길 위에 꽃씨를 뿌리면서
의젓이 가라
꽃의 붉은 말을 생각하면서 쫄지 말고
밤하늘별을 보거라
까만 꽃씨 같은 두 눈을 깜박이며
사람의 마을을 내려다보라
너희가 젊은이라면 길이 되어
가라
천천히 가라

『정성수의 아포리즘』

· 스테디셀러의 반열에 오른 '아프니까 청춘이다'라는 책이 있다. 대한민국 젊은이들에게 '청춘은 아픈 것이니까 참고 견디어야 한다.'라고 강요하는 것은 너무나 가혹한 일이다. 십대를 대학 하나만 보고 입시 지옥에서 담금질을 당한다. 대학 내내 아르바이트와 휴학을 반복하며 어렵게 졸업을 한다. 취업을 위해서 학원과 고시원에서 머리띠를 두르고 공부를 한다. 어렵게 취업을 해도 공무원이 아니면 평생직장 개념은 어디에도 없다. 대한민국의 청춘은 고달프고 희망은 절벽이라는 말이 여기저기에서 터져 나온다. 진심으로 청춘들을 보듬어 줄 수 있는 대안은 없는지 어른들은 가슴에 손을 얹고 생각할 때다. '청춘! 이는 듣기만 하여도 가슴이 설레는 말이다' 민태원(1894~1934)의 '청춘예찬靑春禮讚'이 가슴을 친다.

사과나무 아래서

사과가 익을 때 사과나무가 온 몸에
힘을 준다는 것을 몰랐다
밤새도록
신열에 부대낀다는 것을 몰랐다
그리하여 한 알의 붉은 사과가 된다는 것을
전에는 몰랐다

사랑이 사과처럼 붉어져 세상의 단맛이 되기 위해서는
뼈 시린 고통쯤은
웃으면서 참아내야 한다는 것을
사과나무 아래서 알았다
어리석게도 사과가 지상으로 떨어진 뒤에 알았다

『정성수의 아포리즘』

· 평과苹果, 능금, 금檎이라고 부르는 사과沙果가 요즘 제철을 만났다. 홍옥, 국광을 비롯해서 후지, 골든델리셔스 등 헤아릴 수 없이 많은 사과들이 쏟아져 나와 주인을 기다린다. 수확시기에 따라 조생종, 중생종, 만생종으로 나뉘며 색깔에 따라 홍색사과, 황색사과, 녹색사과로 구분된다. 후식으로 나온 사과를 보면서 생각한다. 이제 누군가에게 사과謝過할 일이 있으면 먼저 사과 하라. 사과는 자신이 잘못했다는 것을 알고 있다고 표현하는 게 중요하다. 상대방이 화가 났다거나 기분이 상한 것을 십분 이해 한다는 것을 알려야 줘야 한다. 진실한 사과는 잘못을 인정하고 후회하며 해명하고 적절한 보상을 해 줄때 빛난다. '저로 인해서 기분이 상하셨을 텐데 정말 죄송합니다.'라며 두 손을 잡는 것이다. 손에 든 사과沙果 보다 마음속에서 익은 사과謝過가 더 달다.

생구生口

오늘은 소 잡는 날이라며 식당 주인이 소 혓바닥 한 접시를 내왔다. 혓바닥 한 점을 입에 넣자 입안에서 소 울음소리가 났다.

할아버지의 할아버지는 상축일이 되면 콩을 듬뿍 넣은 쇠죽을 먹이고 이 날 만큼은 고기 써는 일을 삼가 한다는 의미로 도마질을 하지 않았다. 새끼를 낳으면 금줄을 쳐주고 날씨가 추워지면 덕석을 얹혀 주었다. 소가 장터에 나갈 일이라도 생기면 발굽이 다칠까 염려하며 쇠신을 신겨주었다. 손자의 대학 합격 소식에 소를 쓰다듬으며 눈이 퉁퉁 붓도록 울던 할아버지의 할아버지는 소를 소처럼 모셨다. 느긋하고 온순한 생명을 등심, 안심, 갈비로 분해하고 심지어 뼈까지 고아 먹고는 혓바닥 한 접시를 만들어 오늘 소주를 마신다.

옛 사람들은 소를 생구라 불렀고, 나는 소의 혓바닥은 고기중의 고기라면서 이를 쑤셨다.

『정성수의 아포리즘』

· 소는 수소·암소·송아지 등으로 불리지만 한자어로는 복잡하고 상세하다. 즉 수소를 특特, 암소를 고牯라고 하며 송아지도 갓난 것은 독犢, 두 살짜리는 시牸, 세 살짜리는 삼犙, 네살짜리는 사牭라 한다. 한 가지 색으로 된 것은 전牷이라 한다. 소는 형태와 생리적 특성 등에 따라서 여러 가지 품종이 있다. 용도에 따라서 우유를 주목적으로 할 때에는 유용종, 고기를 주목적으로 할 때에는 육용종, 노동력의 이용을 주목적으로 할 때에는 역용종으로 구분한다. 우리나라의 소는 이동 수단이자 농경을 돕던 혈육 같은 존재다. 그래서 소를 생구라고 한다. 단순히 소와 한 집에 같이 산다는 의미가 아니라 소가 식구들을 다 먹여 살린다는 뜻이다. 가족의 일원으로 대접을 받는다는 말이다. 그 뿐만이 아니다. 소는 우리 삶과 문화, 예술 속에서 민족과 생을 함께해 왔다. 한때는 구제역으로 소들이 살처분 되기도 하고 송아지가 단돈 만원에 팔려나가기도 했다. 구제역은 소를 잡고 빈곤은 사람을 잡았다. 그때를 생각하면 우족탕 한 그릇을 먹어도 속이 편치를 않다. 소가 생구로 대접 받는 세상을 생각한다.

11월

꽃이 지는 것을 보면서 눈시울이 붉어질 때가 있었다
농익은 내 인생의 한 쪽이 무너지던 그런 가을이 있었다
지는 꽃을 보면서 소리치며 따라가고 싶을 때가 있었다

소매 끝을 스치는 바람에도
쓰러질 것 같아
낮은 곳으로 내려앉고 말았다

11월이라고 하는 가을병을 오래도록 어루만지며
낙엽이 된 시절이 있었다

『정성수의 아포리즘』

· 11월은 축제의 달이다. 달력을 보면 축제는 연중 계속된다. 전라남도 함평군 축제인 대한민국 국향대전 부터 파주시 임진각의 파주장단콩 축제까지 셀 수 없이 축제는 많다. 그중 뭐니 뭐니 해도 군산세계철새축제가 엄지손가락이다. 그것은 사람 사는 마을에서 가창오리의 멋진 군무를 가장 가깝게 볼 수 있기 때문이다. 이곳은 큰고니, 개리 등 천연기념물을 비롯하여 청둥오리, 기러기 등 총 50여종 80만 마리의 겨울 철새들을 한자리에서 볼 수 있는 철새들의 낙원이며, 생태계의 보고이기도 하다. 백약이 무효인 가을병에 걸린 사람들은 철새들의 축제판에 시선을 맡겨보라. 혹시 가을 병에 걸린 사람하나 만나서, 위로 받을지 모를 일이다.

너를 기다린다는 것

고속터미널 매표소 앞에서 택시 승강장을 바라보며
너를 기다린다
택시 한 대가 도착한다 너일 것이다
찰칵 필름 한 컷이 지나간다
또 한 대가 도착한다 다시 찰칵
이번이야말로 너일 것이다
불안의 그림자가 망막에 깊게 찍힐 때
기다려 본 사람은 안다
손목시계 초침소리가 손목을 두드릴 때
불안과 불안 사이가
얼마나 길고 먼 거리인지
승강장에 도착하는 택시마다 네 얼굴이었다가
구두 소리를 내며 사라지는 지금
전 생애로 달려오고 있을 너를 기다리며
자판기에서 한 잔의 커피를 뽑는다
너를 기다린다는 것
불안이었다가 행복이었다가
네가 오고 있을 길을 따라 내가 먼저 너에게 간다

『정성수의 아포리즘』

· 동물들은 먹이를 사냥하기 위해서는 잠복하고 기다리는 시간이 아무리 길어도 완벽하다고 느낄 때까지 기다리고 또 기다린다. 그렇기 때문에 어설픈 찬스에서 공격하여 사냥감을 놓치는 우를 범하지 않는다. 만물의 영장이라고 자처하는 인간들은 목적을 쟁취하면서 인내의 한계를 느끼거나 좌절의 구렁텅이에 빠져 고통스러워한다. 일상에서 기다리고 참는다는 것은 대단히 중요하다. 성공과 실패, 행복과 불행의 갈림길도 끝까지 참고 버티는 자만이 월계관을 쓴다. 기다림은 더 멀리 보게 하고 어둠 속에서도 눈동자를 빛나게 한다. 때로는 작은 소리에도 귀가 열린다. 기다리다 보면 보이지 않던 것이 보이고 잊었던 것이 생각난다.

겨울밤의 별

호수에 밤하늘이 쏟아져 캄캄하게 얼었다
얼음 위에 박힌 별들이
수정처럼 빛난다
길을 가다가
눈은 내리지 않고
호수가 쩡쩡 소리 내어 울 때
겨울밤의 별들은 그대의 가슴속에 떠 있었다

사는 일은 겨울밤을 건너가는 일이냐고
묻는 그대에게
입을 다물고 있는 것은
양심을 팔아먹는 일이었다
가난의 끝은 걸어왔던 길보다 더 먼
길 위에 있다고
가끔은 그대에게 안부를 전한다
밤새도록 휘파람을 부는
겨울밤의 별들은 그대의 가슴속에서 더 가난하다

『정성수의 아포리즘』

· 겨울밤 별들은 시리도록 푸른빛을 품고 사람의 마을을 내려다본다. 헐벗은 나무는 스치는 바람에 춥다고 꺼억 꺼억 운다. 찬바람이 뼛속 깊이 파고드는 호롱불마저 자울자울 조는 밤. 윗목에 떠 놓은 사발의 물은 꽁꽁 얼어붙어 거울이 되었다. 아이들은 별을 안고 잠들고 외양간의 소는 눈만 껌뻑이며 캄캄한 하늘을 올려본다. 멀리 개 짖는 소리에 뒤척이며 잠 못 이룬다. 아무도 찾아오지 않는 밤이면 별똥별 떨어지는 소리, 뒷산에서 솔방울 떨어지는 소리, 인연의 끈을 끊고 한숨 짓는 소리가 천지간에 진동 한다. 이렇듯 당신이 그리워 우는 겨울밤은 외로움까지 얼어붙는다.

꽃잎의 붉은 말

가장 화려할 때 목숨을 내놓는다는 것은 용기다
아름다울 때 떨어지는
꽃잎이 되는 것은 자존심이다
눈부신 순간에 뛰어내리는
꽃잎을 보라
칼바람을 견디어낸 힘으로 잎잎이 하르르 진다
꽃잎의 자태가 일순 의연한 것은
붉은 몸 허공에 던지는 단호함이다
허공에 감탄사 하나 그을 때 꽃잎은 붉다
캄캄한 밤 생의 마침표를 생각하며
고개를 숙이는 사람들
난해하다 소멸의 순간
꽃잎의 붉은 말이 오래도록 귀를 씻는다

『정성수의 아포리즘』

· 옆에서 주고받는 말을 듣고 자신도 모르게 감동을 받거나 빠져들어 가는 경우가 있다. 이러한 경우를 사회심리학에서는 '우연의 효과'라고 한다. 이처럼 우연히 들은 말에 나도 모르게 설득을 당하는 것은 아무런 마음의 준비가 되어있지 않은 상황에서 저절로 귀에 들어오기 때문이다. 그만큼 넘어가기 쉽다는 말이다. 뿐만 아니라 저절로 귀에 들어온 말의 내용으로부터 받게 되는 충격은 크다. 충격이 크면 그에 대한 반응도 크다. '우연의 효과'는 의외로 강력하다. 귀가 얇은 사람은 옆 사람들이 하는 말에 쉽게 현혹되지 않기 위해 노력해야 한다. 잘못하면 낭패를 당할 수도 있기 때문이다. '사람을 설득할 때는 갑자기 설득하라.'는 말이 예사롭지 않다.

섣달 그믐밤

생이 쓸쓸하고 쓸쓸하다고
눈이 내린다
크리스마스이브도 입을 다문지
며칠 째다
골목 끝에 서있는 사람은
죄 많은 사람이라고
앞을 가로막는 것은 회색빛 벽이다

밤하늘에서 흰 꽃들이
지상으로
몸을 던진다
어둠은 모든 것을 집어 삼키고
세상의 길들은 지워졌다
섣달 그믐밤
폭설 속에서
한 사람이 끝종을 울리고 있었다

『정성수의 아포리즘』

· 한 해의 마지막 날인 12월 31일을 '섣달그믐' 또는 '제석, '제야'라고 부른다. 이 날 밤에는 '해지킴(守歲)'이라 하여 집 안팎에 불을 밝히고, 사람들은 새벽이 될 때까지 자지 않고 밤을 지새운다. 이 풍습은 묵은해가 가는 것을 지키는 것으로 조상들은 해지킴을 하면 새해에 복을 받는다고 믿었다. 그래서 섣달 그믐날은 다음 날인 새해 첫날을 맞이하기 위해 집 안팎을 치우고 잡귀들을 쫓으면서 몸과 마음가짐을 새롭게 했다. 그대는 섣달 그믐밤을 어떻게 보내는지, 그대가 있는 곳에도 그믐달이 뜨는지, 혹여 그믐달의 흰 눈썹을 보았는지? 안부를 묻는다.

태반이 쓸쓸하고 외로운 진실

소문을 믿는 사람들은 많다 발이 없이도 뛰어가고 날개가 없이도 하룻밤에 천리를 간다는 소문 그 파다한 것들

가령 시골 여관방에서 침대 밖으로 비쭉 나온 손님의 발을 중노미가 침대 길이에 맞게 잘라 버렸다든가 모 여가수는 대기업 회장과의 그렇고 그런 사이로 쌍둥이를 낳았다든가 아니면 애들아 신종 플루 예방주사 그거 절대 맞지 마 그거 맞으면 면역력 약한 애는 그냥 죽는대

출처도 알 수 없고 밑도 끝도 없는 소문은 사람들의 입안을 한 바퀴 돌 때마다 덧칠해지면서 걷잡을 수 없이 확대 재생산되는 것이어서 호기심 때문에 있지도 않은 사실이 잡풀처럼 자라난다

소문의 속을 드려다 보는 사람은 드물다 우물 안을 들여다 보듯이 아~ 하면 저 안에서 어~하고 대답하는 것처럼 쉼표는 있어도 마침표가 없는 소문은 진실을 뛰어넘을 때가 많다 그리하여 진실은 태반太半이 쓸쓸하고 외로울 때가 허다하다

* 중노미 : 여관 또는 음식점 등에서 허드렛일을 하는 남자

『정성수의 아포리즘』

· 영국 옥스퍼드대학의 문화인류학자 로빈 던바Robin Dunbar교수는 소문을 퍼뜨리면서 즐거워하는 것은 자신의 존재를 확인하는 것이기 때문이라고 했다. 예를 들면 이웃 사람의 수상한 행동이 화제가 되었을 때 견해를 제시함으로써 자신의 도덕심을 과시하고 동시에 자신의 의견과 일치한 사람을 만나 동조를 받아낼 수 있다는 것이다. 소문을 전하면 기분이 좋아지는 것은 뇌에서 화학물질인 도파민Dopamine 이 방출되고 소문을 듣거나 전하면서 다른 사람과의 관계가 돈독해진다고 믿는 것이다. 하지만 악성루머나 확인이 안 된 소문을 검증도 없이 전달만 한다면 누군가를 명예 살인하는 것이다. 소문이란 본래 여러 사람을 거치는 동안에 굽어지거나 비뚤어지거나 또는 첨가 되거나, 중요한 부분이 빠져 진실과는 판이하게 다른 경우가 많다.

겨울밤

함박눈이 폭설이 되어 빈 가슴을 덮는 밤
멀리 기적이 운다

이런 밤이면
한 사람이 기침을 쿨룩이며
내 몸 안에
길을 내고 있었다

기차는 점 하나로 사라지고
설원은
밤새도록 말이 없는데
사람의 마을에
오랫동안 무릎 꿇은 그림자가 있었다

『정성수의 아포리즘』

· 첫눈이 내리면 사람들은 마음의 등불 하나씩 켜들고 약속이나 한 것처럼 창가로 나와 하늘을 본다. 그것은 하늘에 계시는 분이 이 세상 어디에도 공평하게 첫눈을 내려 주기 때문이다. 가난한 사람의 뜰이나 부자들의 가슴에도 첫눈은 포근히 내려 서로의 허물을 덮어 준다. 산동네 비탈길에 한 삽의 모래나 뒷골목 미끄러운 길에 한 장의 연탄재를 뿌리면 그 길을 밟고 가는 첫눈 같은 사람들. 첫눈 내리는 날을 어쩌면 우리가 살고 있는 이 세상에서 가장 행복한 날이다. 첫눈이 내리는 날은 그대 향한 순백의 마음으로 편지를 쓰겠다. 지난 봄, 들풀이 돋아나고 꽃마다 그대 생각에 설레던 마음 붉어졌다고. 여름이 가고 가을이 가는 동안 그대로 하여금 내 삶의 깊이가 깊어졌다고. 하얀 눈 내리는 긴긴 겨울밤 창밖을 보면서, 그대에게 하고 싶은 말을 조금씩 아껴가면서, 눈 내리는 대지위에 편지를 쓰겠다.

사랑 앞에 무릎 꿇은 당신

제3부

사랑 앞에 무릎 꿇은 당신

한때

당신에게 받친 장미꽃이 시들었습니다

풀잎에 맺힌 아침이슬처럼
하늘에 구름이 머무는 것처럼
바람이 바위를 스치는 것처럼
나무가 그늘을 드리우는 것처럼
서산마루에 걸터앉은 황혼처럼

당신을 사모하는 일이 한때 였습니다

『정성수의 아포리즘』

· 최초의 한국 선사로 해외 포교를 한 숭산崇山스님께서 하버드대학에서 설법을 마치자 한 여학생이 질문을 했다. "what is love?" 스님이 되물었다. "what is love?" 질문한 학생은 어리둥절했다. 스님이 이렇게 말했다. "당신이 내게 사랑이 뭔가를 묻고 또 내가 당신에게 사랑이 뭔가를 묻는 이것이 사랑입니다." 그 말을 듣고 있던 교수와 학생들은 감동적인 충격을 받았다고 한다. 사랑의 정의를 말 또는 글로 표현한다는 것은 영원히 불가능한 일이다. 그것은 사랑에는 도무지 가늠할 수 없는 엄청난 크기의 여백이 있기 때문이다. 말이나 글로는 채울 수없는 여백을 들여다보면 늘 허기지고 안타까운 것이 사랑이다.

초저녁

어둠이 간간히 출렁이는 골목은
다소곳하다

홀로 선 가로등이 눕고 싶은 초저녁은
삶의 쇠사슬에 감긴 채
집으로 돌아가는
걸음걸음들은 허기로 굽었다

어둠이 발목을 적셔 오면
마디 굵은 손에 들려오는 돼지고기 한 근
노동자의 빈창자가 꾸불꾸불하다

하늘에서 그렁그렁한 별의 눈시울은
멀리 숟가락 부딪치는 소리였다

아련하다 통증 같은

『정성수의 아포리즘』

· 오슬로 뭉크 미술관에 소장된 에드바르트 뭉크Edvard Munch의 그림 '귀가하는 노동자들'의 지친 발걸음을 옮기는 표정은 하나같이 어둡다. 그림을 보고 있노라면 왠지 숨이 턱 막힌다. 선이 강하고 투명한 움직임이 우리들을 끌고 가는 것 같은 느낌마저 든다. 해질녘 골목에 한 남자가 자전거를 타고 골목으로 들어간다. 짐받이에는 검은 비닐봉지가 대롱거린다. 지금쯤 눈이 빠지게 기다리고 있을 막내딸에게 줄 치킨이나 피자 한 판이 들어있는지도 모른다. 몇 개 남은 저녁 햇살이 자전거 바퀴에 잘려 나간다. 골목의 초저녁은 하루의 노동을 조용히 품는다. 가난이 때로는 희망이다.

목련

목련이 핀다 주먹만 한 꽃들 송아리 송아리 하나같이
북쪽으로 고개를 돌리고 꽃은 핀다
까닭이 있는 것이다
해를 받는 쪽의 성장호르몬 옥신Auxin이 파괴되어
그 쪽 성장속도가 빠르고
북쪽 응달이 늦은 탓만은 아니다
한 송이 목련을 피워내기 위해서 아리고 시린
겨울이 있었기 때문이다

목련에게는 그리움 하나 있는 것이다
북쪽하늘에 걸어두고 온 얼굴 하나
죽어서도 잊지 못하는 까닭이다 삭풍을 견뎌내면서
겨울 강을 건너 온 목련
잎 피고 꽃 피는
나무들 보라는 듯 백목련 뒤에 자목련 핀다

『정성수의 아포리즘』

· 아침에 피었다가 반나절 만에 시들어 버리는 가엾은 꽃, 목련. 나무에 크고 탐스럽게 피는 꽃이어서 목련木蓮이라 명명했다고 한다. 지금으로부터 1억 4천만 년 전, 넓은잎나무들이 지구상에 첫 모습을 보이기 시작할 때 나타난 목련은 원시란 접두어가 붙을 만하다. 가지 꼭대기에 한 개씩 커다란 꽃을 피우는 고고함으로나 순백의 색깔로나 높은 품격이 돋보이는 꽃이다. 목련은 옥처럼 깨끗하다고 '옥수', 난초 같은 향기가 있다고 '옥란', 꽃봉오리가 붓끝을 닮았고 '목필' 등 그 이름처럼 보는 사람의 시각에 따라 그 꽃의 모양도 다르게 보인다. 그런가 하면 꽃이 피어나는 방향이 모두 북쪽이라 '북향화北向花'라는 이름도 있다. 백목련은 봄소식을 가장 먼저 전한다고 영춘화迎春花라고도 하고 자목련은 봄이 끝나갈 무렵에 핀다고 망춘화亡春花라고 한다. 백목련은 꽃이 먼저 피고 자목련은 꽃과 잎이 함께 핀다. 목련이 피고 지면 봄날은 간다.

어떤 귀로

혼자이기에 외롭다
외로워서 혼자다

그대에게 버림받고 돌아오는 길
살얼음 낀 냇물을 건넌다
푸른 달빛
바늘 끝처럼 돋는다
이제 삶을 관통하기 위해서 그리움마저 버려야 한다

첫눈이 오면 잊을 수 있으리라는 그대의 말은
해마다 첫눈이 오면
기억해 달라는 말은 아니던가
그대가 버린 것을 나는 차마 버릴 수가 없다

외로워서 혼자다
혼자이기에 외롭다

『정성수의 아포리즘』

· 중년을 넘어서면 사람들은 외롭다는 말을 자주 한다. 성장한 자식들이 떠난 뒤 자신을 돌아보고 엄습해 오는 '빈 둥지 증후군'으로 몸살을 앓기도 한다. '세상천지에 나만 혼자이며, 이해해 줄 사람도, 도와 줄 사람도 없다.'는 생각에 마음이 허전하고 슬픈 감정에 휩싸인다. 다른 사람들은 다들 행복한데 나만 불행하다는 소외감을 느낄 때가 있다. 중년을 넘어 서면 '외롭다'라는 생각에 자기체면을 거는 경우가 많다. 부부가 살을 맞대고 살아도 외로움은 상존한다. 한지붕 아래 동거하는 남남으로 남는 것이다. 피할 수 없으면 즐기라는 것이 외로움인지도 모른다. 외롭다는 말은 스스로 번식하는 힘이 있어 외롭다고 외칠수록 눈덩이처럼 커져 돌아올 뿐이다. 외롭다는 말은 사랑하는 사람을 가슴 깊이 새기고 나서야 이해할 수는 말이다.

공터

내게 자그마한 땅이 있다면 몇 평의 공터가 있다면
꽃을 심겠다
다알리아나 칸나보다도 더 붉은 장미보다도 먼저 붓꽃을 심겠다
그 붓끝 단단히 세워 한편의 시를 쓰겠다
울컥 서러운 사람들의 등 두드려 줄 수 있는
그리하여 세상의 위로가 되겠다

내게 몇 평의 공터가 있다면 근사한 놀이터 하나 만들겠다
싱그런 봄 햇살
미끄럼틀 타고 내려오는
아이들의 이마에 땀 송골송골 맺히게 하겠다
까르르 웃음소리가 지상에서 가장 아름다운 노래라고 말하겠다

밤이면 내 마음의 공터에서 시를 읽고
노래를 부르겠다
이 세상 모든 어른들과 아이들의 두 눈이 별이 되어 빛날 때까지
가슴에 총총별 가득할 때까지

『정성수의 아포리즘』

· 부모는 자식들과 함께 시장에 가서 물건을 사고 계산하는 법, 책을 읽고 놀아주면서 책의 내용을 이해하고 한 편의 글을 쓰는 법, 사랑을 나누는 법 등 삶의 지혜를 알려줘야 한다. 인생을 먼저 산 선배나 선생님의 모습으로 자식들과 함께해야 한다. 부모가 아이들과 함께 추억을 만들어 가는 것도 좋다. 추억이 많을수록 관계가 밀접할수록 아이들의 사고는 깊어진다. 부모가 바라는 것은 아이들이 건강하게 자라 자신들보다 더 성숙한 사람이 되고 더 행복한 삶을 사는 것이다. 사회적으로 성공한 부모의 모습이 아니라 말과 행동이 따뜻하고 모범이 되는 부모이어야 한다. 부모가 자식들에게 남겨줘야 할 유산은 돈이나 명예가 아니다.

술 한 잔 권했다

내가 나에게 술 한 잔 권했다
드넓은 세상에 누구 하나
술 한 잔 권하는 사람이 없었다
가난한 주머니를 툴툴 털어 가난한 나에게
술 한 잔 권했다
간판도 없는 골목집 목의자에 지친 몸을 앉히고
산 너머 꽃 지는 날에도
창밖에 가을비가 서성거리는 날에도
술 한 잔 권했다
앞에 앉은 사내야 슬픔을 씹는 너는
누구냐고 수없이 물었다
대답 없는 사내에게
새벽이 올 때까지
잔이 철철 넘치도록 술 한 잔 권했다

『정성수의 아포리즘』

· 아침부터 상사에게 한 소리 들었다. 화가 나서, 한 잔! 꺾었다. 석양이 지면 가슴 한 구석이 빈 것 같아 울컥 눈물이 난다. 외로워서, 한 잔! 들었다. 이래서 한 잔, 저래서 두 잔을 하다 보면 전봇대에 그림자마저 걸어 놓고 돌아오기 일쑤다. 술에 젖어 돌아온 밤에는 아내 앞에 초등학생처럼 무릎을 꿇고 기어들어 가는 목소리로 단주를 맹세하기 몇 번이다. 다음 날 아침 출근 할 때면 거울을 보며 어젯밤 맹세를 다짐하고 또 다짐한다. 그러나 퇴근 시간이 되면 어쩐지 목구멍이 근질근질하고 좀이 쑤시어 한 잔 쭈욱 마시고 싶어진다. 작심삼일은 구제불능이라는 아내의 화난 얼굴이 눈앞에서 어른거려도 나는 어쩔 수 없는 영원한 주당이다.

장미 입술

그렇게 바라보지 마
나를 안아보고 싶다면
와락
껴안아 해
탱고를 출 때처럼
격정적으로 데시를 해야지
손에 쥐고 싶으면
따끔한 고통쯤은 각오해야 해
바이올린처럼 팽팽하게 소리치거나
첼로처럼 느슨하게 울 줄도 알아야 해
세상에는 공짜가 없어
향기는 먼데 있는 게 아니야
바로 코끝에 있거든
한 번 땡겨 봐
나를 갖고 싶거든

『정성수의 아포리즘』

· 장미의 대표적 특성 중 하나가 가시다. 가시는 잎이 변한 것과 줄기가 변한 것이 있다. 선인장 가시는 잎이 변해서 가시가 되었고 장미 가시는 줄기가 진화하여 가시가 된 경우다. 장미의 가시는 그리스 신화에서는 사랑스러운 이야기로 꾸며져 있다. 큐피드가 장미꽃의 아름다움에 반해 키스를 하려는 순간 벌이 나와 큐피드의 입술을 쏘아 버렸고, 이에 화가 난 큐피드의 어머니인 비너스가 많은 벌들의 침을 장미 줄기에 붙여 버렸다고 한다. 이것이 장미 가시가 되었다는 설이다. 흔히 '장미에는 가시가 있다'고 말 한다. 이는 겉으로는 인격자로 훌륭해 보여도 남을 해롭게 하는 사람을 비유적으로 이르는 말이다. 우리 주위에도 속을 알 수 없거나 얼굴에 미소를 띠면서 앙심을 품고 있는 가시 같은 사람이 있다. 언제 돌아서서 해칠지 모른다. 어떤 이는 장미를 아름다운 여자에 비유한다. 여자에게 가시가 있다는 것은 아름다움을 돋보이게 하는 것으로 해석할 수도 있지만 알고 보면 인간 늑대(?)들에게 자신을 보호하는 하나의 방비책이라고 할 수 있다. 장미꽃 탐내지 마라. 가시가 있다는 것을 아는 사람은…

해바라기 당신

동녘에 아침 해 솟아오르면
해바라기는
비로소 심장이 뜁니다

해가 중천에 떠
해바라기를 내려다보면
해바라기는
젖은 눈으로
해를 올려다봅니다

서산 뒤로 해가 지면
해바라기는
하염없이 해를 그리워합니다

해바라기의 하루가
그러하듯이
내 한 생은 당신입니다

『정성수의 아포리즘』

· 사람들은 사랑을 달콤하고 온몸이 짜릿짜릿한 것이라고 말한다. 그러나 짝사랑인 해바라기사랑은 소태같이 쓰디쓰다고 한다. 누구는 해바라기사랑을 눈물의 씨앗이라고도 한다. 생각에 따라 천사의 얼굴이 되기도 하고 악마의 얼굴이 되기도 한다. 사랑하는 사람을 만나지 못하고 먼발치에서 하염없이 지켜보며 받을 수도 없고 줄 수도 없는 사랑이 해바라기 사랑이다. 아침이면 떴다가 저녁이면 서산으로 미련 없이 사라지는 태양이야말로 언제나 야속하고 언제나 서운하다. 까만 밤 홀로 남겨진 외로움과 그리움을 마시고 외로움에 취하고, 그리움에 취하면서 밤을 지새우는 해바라기야 말로 짝사랑의 표상이다. 또 다시 태양이 떠오르면 태양을 외면하지 못하는 것이 해바라기 사랑이다. 대답이 없을수록, 기약이 없을수록, 희망이 없을수록 아름다운 것이 짝사랑의 매력이다. 짝사랑의 현실은 지독한 외로움이며, 짝사랑의 이상은 오르지 공허한 망상 속에만 존재한다.

점심시간

붉은 신호등이 들어왔다
얼룩말들이 강을 건너려고 모여 있었다
횡단보도는 죽은 얼룩말의 가죽을 깔아놓았다
양복을 입은 얼룩말 하나가
간단히 설렁탕으로 하자고 길 건너 간판을 보며 말했다
그럼 점심인데 점이나 찍지
옆에 서 있던 얼룩말이 넥타이를 매만지며
설렁탕집을 바라본다
말을 주고받는 사이
얼룩말들의 뱃속에서는 비어있다고
신호음을 교신을 하고 있었다
확~ 푸른 초원이 눈앞에 펼쳐지자
먹이를 찾아서 얼룩말들이 강을 건너듯
우르르 횡단보도를 건너간다
그 중 몇 마리는
초원에 다다르기도 전에 점심시간이 끝날지도 모른다

『정성수의 아포리즘』

· 대학을 나오고 석 · 박사를 해도 백수가 지천이다. 어디에 대고 답답한 가슴을 토해 낼 곳이 없다. 소리라도 치고 싶어도 고성방가 죄로 잡혀가기 딱! 이다. 아무개 아들이 취직이 되었다고 골목 입구에 커다란 플래카드를 붙였다. 옛날에는 고시나 패스해야 붙여주던 플래카드의 체면이 말이 아니다. 샐러리맨Salaryman이 된 아무개 아들이 만수무강해서 정년을 맞을지 걱정이 된다는 이장님의 말씀이 고등어 가운데 도막이다. '샐러리(Salary / 정기적인 급료)'와 '맨(man / 사람)'을 합친 말로 '임금을 받는 근로자'의 뜻인 '샐러리맨'이 된다는 것은 말 그대로 하늘에서 별 따기다. 블루칼라Blue collar는 고통이다. 맘 놓고 밥을 먹을 수 있는 점심시간을 위해서라도 화이트칼라White collar가 되려고 하는 자식들이 불쌍한 세대다.

한 잔

생맥주 한 잔을 앞에 놓고
생을 생각한다
톡 쏘는 삶이 아니었으니
갈증을 쓰다듬어 주던 위로가 아니었으니

헛것으로 보낸 시간과
가버린 사랑과
이제에 눈이 뒤집혔던 지난날들을 마신다
벌컥벌컥

미움과 능멸을 버리기 위하여
눈물을 타 마시는
회한의
생맥주 한 잔

하루여 잔 받아라
밤하늘 별들이 지상에 내려와 꽃이 될 때까지

『정성수의 아포리즘』

· 우리 주변에는 술이 넘쳐난다. 유흥가부터 가정의 식탁까지 술의 사정권에서 벗어난 곳은 별로 없다. 이처럼 술의 촉수觸手가 광범위하게 더듬고 있는 나라도 드물다. 술 마시는 사람들의 기질도 다양하다. 술자리에서 기고만장하면서 王노릇을 하려고 하는 '성공한 나르시스트'가 있는가 하면 자존심은 칼끝 같지만 인생에서 성공하지 못한 '불운한 나르시스트'가 있다. 그런가하면 평상시 능력을 발휘하다가도 어느 순간 술을 며칠간씩 마셔대며 침몰하는 '불완전한 완벽주의'도 있다. 그 외에도 불안한 인격으로 애증愛憎이 강해 갈피를 못 잡는 '병적음주자'가 있다. 사랑 없이는 살아도 술 없이는 못 산다며 날이면 날마다 술을 마시는 사람을 우리는 알코올중독자라고 부른다.

절반을 남겨두고서

포장마차에서 한 그릇의 어묵을 나눠먹던 우리는
가난한 연인들이었네
사랑하리라 오랫동안
골백번도 더 다짐을 했건만 나 이쯤에서
사랑을 거둬가네
허허벌판에 핀 한 송이 꽃 같던 그대로 하여금
한 동안 광야를 헤맬 일이 없었네
그 사랑 절반을 남겨두고서
떠나가네
지구를 짊어지고 돌고 돌아서
언젠가는 다시 만날 수도 있으리라고
마음을 달래는 그대여
그러나 가도 가도 당도하지 못할
서쪽 같은
사랑의 아픔을 깨물지 말게
어차피 인생은 홀로 잠드는 것
쉰내나는 내 삶을 끌어당겨 이 밤 이마를 덮네

『정성수의 아포리즘』

· 사랑에 빠져 있는 사람은 그 사랑이 언제까지나 영원할 것이라고 믿는다. 그러나 뜻하지 않은 이별이 다가 오면 달콤했던 날을 기억하기 보다는 이별의 아픔이 더 절실하다. 많은 연인들은 이별을 인정하려고 하지 않는다. 이별을 인정한다는 것은 죽음이라고 생각하기 때문이란다. 사랑하는 사람과 헤어져야 한다는 것은 참으로 가슴 아픈 일이다. 우리는 가끔 이별범죄에 직면해 경악스런 때가 있다. 이 범죄는 연인에게서 이별을 통보 받은 사람이 이별을 인정하지 않으려는 심리적 과정에서 이성을 잃고 연인에게 물리적 폭행이나 성범죄, 심지어 살인까지 저지르는 끔찍한 범죄다. 자신의 감정을 스스로 조절하지 못하는 상태에서 폭력적이고 공격적인 행동으로 분노를 표출한다는 점에서 '분노 조절 장애' 범죄의 한 유형으로 간주한다. 피할 수 없는 이별이라면 우리는 어떤 형태로든 현실을 인정하고 극복해서 이겨내야 한다. 사람은 아픈 만큼 성숙한다. 이별 뒤에는 또 다른 만남이 기다리고 있는 것이 인생이다.

가을 숲

참 좋다 숲
휘여 지고 엉켜 울울창창한 나무들
잎은 붉고 가지는 쭉쭉 뻗었다
벌레들의 허기를 채운 잎 구멍 숭숭하다
아름드리나무가 허공을 떠받들고 있다
그래서 숲은 진정하다
저 아래
사람 사는 동네에 머리털 검은 짐승들이 많다
불가근 불가원이라며
머리를 굴려 거리와 간격을 계산한다
중용이 엄지손가락이라고
조금은 비열하게 조금은 현실적으로
거리와 간격을 유지하고 있다
봐라 좀 붙어서 살면 안 되겠나
살살 비비면서 살면 어디가 덧나나
가을 숲을 한 번도 보지 않은 머리털 검은 짐승들아

『정성수의 아포리즘』

· '작은 장사는 이문을 남기고 큰 장사는 사람을 남긴다.'는 말이 있다. 우리가 살아가면서 무엇보다도 중요하게 생각하는 것은 인간관계다. 서로 자라난 환경이 다르고 가치관과 개성이 다른 사람들이 함께 호흡하며 살아가는 이 사회에서는 자신의 생각만이 옳다고 주장할 수 없다. 그렇기 때문에 상대의 입장과 견해도 배려하고 존중하는 마음을 가져야 한다. 한 조사 결과 '성공하는 데 전문적인 지식이나 기술은 15% 밖에 영향을 주지 않고 나머지 85%가 인간관계였다.'는 발표에서도 인간관계가 성공의 열쇠가 된다는 사실을 발견할 수가 있다. 효과적이고 생산적인 인간관계는 개인의 생존과 발달뿐만 아니라 결혼과 가정생활에도 매우 중요한 역할을 한다.

참새

하늘을 제대로 한 번 날아 본 일이 없는
참새 한 마리가
나뭇가지 끝에 앉아 하늘을 다 보았다고
꼬리를 깝죽대며
까불고 있다

한 쪽 어깨를 내 준 나무가
가소롭다는 듯이
한 마디 한다
참새야
참 새가 되거라

때로는 무지가 용맹을 이긴다

『정성수의 아포리즘』

· 참이라는 의미는 진짜 또는 오리지널 외에도 '흔한 것' '일반적인 것' '보편적인 것'이라는 뜻도 있다. 참새는 '참'이란 이름을 받은 새로 참깨, 참나무, 참기름, 참매미, 참외, 참조기, 참치, 참나물처럼 앞에 '참'이 붙어 이름으로 치자면 새 중의 새다. 그러나 여름에는 곤충을 많이 잡아먹어 농사에 이로운 새지만 날이 추워져 곤충이 적어지면 풀씨나 벼이삭을 먹어 일순 농사에 해로운 새로 둔갑한다. 그렇기 때문에 참새는 익조益鳥인지? 해조害鳥인지? 논란이 많다. 그러나 생명력과 번식력이 강하다. 우리들은 머리가 나쁜 사람들을 경멸의 뜻을 담아 참새대가리라고 비하한다. 흔해서 천대받는 새, 참새. 속담처럼 '참새는 작아도 알만 잘 낳는다.' 제 할 일을 다 하는 참새가 오늘 하늘을 다 보았다고 뻥 한 번 쳤다.

전나무가 말하기를

내소사 입구에서 한 사내가 전나무를 가리키더니
저것은 잣나무라고 한다
잣나무가 한 오백년 쯤 자라면
저런 나무가 된다고 한다
그러자 옆에 있던 사내가 그게 아니고
저것은 소나무라고
저 정도라면 아마 천년은 서 있었을 것이라고 한다
능가산에서 잣방울과 솔방울이
투두둑 투두둑
떨어지고 있었다
본 것은 입 다물고 들은 것은 가슴에 담으라는
부처님 말씀
중생들의 귓가에서 목탁소리를 내고 있었다
전나무가 몸을 한 번 흔들더니 두 사내에게 말하는 것이었다
제발
조상을 욕되게 하지마라
나는 다만 전 씨 가문의 자손일 뿐이다

『정성수의 아포리즘』

· 전나무는 한곳에 모여 자라는 습성이 있어 베어서 이용하기 편하다. 재질이 무른 것이 단점이지만, 사찰이나 관공서의 건축물 기둥으로 많이 쓴다. 장대재長大材이기 때문이다. 해인사 팔만대장경판 보관 건물인 수다라장修多羅藏, 양산 통도사, 강진 무위사의 기둥 일부가 전나무다. 부안 내소사 입구에 들어서면 수령이 백년이 넘은 700여 구루의 전나무들은 엄청난 내공을 지닌 소림사 승려처럼 수피부터가 다르다. 도심이나 공원에서 자라는 전나무들의 경우, 수피의 색깔이 갈색을 띠는 데 비해, 이곳 전나무들은 은은한 황토색을 자랑하고 있다. 이런 전나무는 산림욕 필수 수목으로 피톤치드Phytoncide라는 성분을 많이 발산하기 때문에 건강에 좋은 나무다. 전나무 숲길은 일주문에서 벗어던진 희로애락의 찌꺼기를 마저 버리게 만드는 곳이다. 그렇기 때문에 전나무 숲을 거니는 일은 부처님을 만나는 사전의식과 다르지 않다. 혹여 마음 비울 일이 있다면 내소사 전나무 숲길에 서 보라. 가슴이 뻥 뚫릴 것이다.

크레인 위의 여자

한 여자가 크레인 위에서 종 주먹을 쥐고
허공에 눈총을 쏘고 있다
벌써 며칠째
밥 달라고 먹어야 살 것이 아니냐고
건물마다 화장실은 왜 만들어 놨느냐고 깃발이 되어
바람에 나부끼고 있다
정리정돈은 책걸상이나 하는 것이지
작업복은 줄을 세우는 것이 아니라고
아찔한 허공에서
힘 있는 자들과 가진 자들을 향해서 햇살을 퍼 붓고 있다
땅 위에 발을 붙이고 근근한 하루를 살아가는 사람들
입의 지퍼를 가로로 쭈욱 그어 닫고서
크레인 위의 여자를 향해서
저기 사람이 있다고 수화로 말하고 있다
서로의 얼굴을 보며 발만 동동거리는 동안
크레인 위의 여자가 쏘아 올린
눈총 파편들이 산탄이 되어 밤하늘에서 폭죽처럼 낙하한다

『정성수의 아포리즘』

· 노동勞動은 인간이 생존과 생활을 위해서 특정 대상에게 육체적·정신적으로 행하는 활동이다. 원시시대에는 열매를 채취하는 행위 또는 사냥, 물고기를 잡는 행위 등과 같은 육체적 활동을 했다. 농경사회에서는 농어업이, 근대산업사회에서는 각종 생산 활동이 이루어지는 육체적·정신적 노동을 했다. 이처럼 노동이라는 행위는 인류 역사를 통해 계속되어온 것이지만, 노동이 하나의 사회적 문제가 된 것은 자본제 사회의 출현에서 비롯되었다. 몇 년 전 부산 영도 조선소 지상 35m 위 타워크레인Tower crane 에서 309일째 고공농성을 벌인 것도 결국 노동에 따른 임금문제였다. 그가 쓴 '소금꽃나무'에는 '아침이면 어디 있는지 모르는 희망을 찾아 / 기를 쓰고 버텨온 사람들 // 서러움 머금은 땀방울 등 뒤에 몰래 스며 하얗게 꽃을 피우고 // 말하지 못했던 슬픔과 내 앞에 놓인 절망 / 그 속에 희망을 찾아서 // 하얗게 피어난 소금꽃 …이하생략… '노동은 생명이며 사상이며 광명이다.' 빅토르 위고Victor Hugo의 말이다.

등산

산이 가부좌를 틀고 인간세계를 내려다보고 있다

개들이 짖고
술잔 부딪치는 소리 요란하다

우주가 귀를 후비고 산은 돌아 앉아 말이 없다

그때부터 인간들은 산을 위로한답시고
허벌나게 산으로 간다

『정성수의 아포리즘』

· 산은 습곡 · 단층 · 지표의 상향굴곡이나 화산암의 지표 분출로 형성된 것으로 형성된 방법과 그 결과로 생기는 구조에 따라 여러 종류로 분류된다. 주요형태는 돔 · 단층지괴 · 습곡 · 화산이다. 이런 산은 인간들에게 시비를 걸지 않는다. 그렇기 때문에 오르면서 새소리도 흉내 내 보고 나뭇잎에 입도 맞춰 보고 야생화에 코를 대고 향기에 취해 보기도 한다. 바위틈에서 솟아나는 맑은 물 한 모금에 세속에 찌든 탁한 기운을 씻어 내기도 한다. 솔바람으로 마음을 빗질을 하고 묵언의 산행은 명상의 시간을 갖게 한다. 산을 내려오면 몸은 산 기운을 받아 힘이 불끈 솟고 마음은 맑아 삶을 전속력으로 달려간다. 산은 정복해 보겠다는 생각으로 오르는 것이 아니라 산과 한 몸이 되기 위해서 오르는 것이다. '산이 있어 산에 간다.'는 산사람이 부러운 오늘이다.

우족탕

그래 내 뼈를 삶아라 진액이 우러나올 때까지
푹푹 고아라
논밭으로 하루 종일 끌고 다니며
노동을 착취하던 인간들아
쇠짚신 한 켤레도 안 신기고 골 빠지게 일만 시키더니
우족탕을 만들겠다고?
눈 내리던 겨울밤 지나온 날들을 되새김질할 때
덕석하나 덮어 준 일이 없는 인간들을 위해
기꺼이 한 그릇의 우족탕이 되리라
이빨이 빠질 때까지 쩔쩔 끓는 국물을 마시다가
고기가 없다고 혀를 깨물지 마라
그것은 고기가 아니다
한 조각의 붉은 혓바닥이다
이 세상에 와서 지은 죄 우족탕에 말아먹고
게트림하는 인간들아
그것은 네 아버지의 앞다리다

『정성수의 아포리즘』

· 밤늦은 시각에 우족탕집 앞을 지나가다가 길가로 난 주방을 보았다. 유리로 된 주방 안에서 한 남자가 끓고 있는 우족탕을 젓고 있었다. 순간 그 남자가 한 마리 소로 보였다. 늦은 밤까지 일하는 소 같은 남자. 그는 쟁기를 차고 콧김을 뿜어대며 논밭을 갈고 있는 한 마리 소였는지 모른다. 주인의 명령대로 움직이는 소 같은 남자는 삶이 이끄는 데로 우직하게 평생을 살아가고 있는 것이다. 눈보라치는 겨울밤 형광등 아래서 우족탕을 끓이는 남자는 처자식들을 위해서 논밭으로 내달리던 우리 아버지인지도 모른다. 남자는 무쇠 솥에 우족을 삶고 나는 가슴 속 아버지의 두 다리를 오랫동안 매만지고 있었다. 아버지, 당신은 천국에서도 목에 멍에를 걸고 앞다리에 힘을 주고 계시겠지요?

눈꽃

이 세상이 쓸쓸하고 쓸쓸하여 허공을 건너와
꽃이 되었다
때로는 가장 흰 것이 가장 처참하다
추락한 것이 늙은 나뭇가지에 눈꽃으로 피어있는 동안
창가에서 너를 생각했다
사는 일이 관절을 꺾을 때 뜰에 나와 눈꽃을 보며
네가 보낸 바람소리를 듣는다
우리는 한 때 눈을 맞추고 겨울아침 눈꽃이 되었다
눈꽃들은 뜨겁게 가슴을 맞대고
세상을 가득 메웠다가 한꺼번에 무너졌으니
열정이 식은 뒤에도 사랑할 날 남았으리
절정을 이루다가 지는 꽃이
가슴을 아프게 하리
눈꽃 진자리마다 눈물이 고이리
사랑할 수 없다는 슬픔이 눈꽃을 꺾어 가슴에 안는다
더듬더듬 내려서 환하게 핀 꽃 눈꽃
꽃은 지기 위해서 피는 것이라지만
너 없는 세상 무슨 재미랴
사라진 것들은 다시 돌아오지 않는다

『정성수의 아포리즘』

· 누이야, 저 눈꽃을 봐라. 온갖 부끄러움을 관용이라는 흰이불로 덮는구나. 메마른 나뭇가지에 핀 눈꽃들이 차디찬 이성을 눈뜨게 한다. 그것을 우리는 열정이라 말하자. 때로는 열정 하나가 온 누리를 묶고도 남는단다. 누이야, 눈부신 꽃빛을 보라. 시골 어느 초가지붕에도 교회의 종탑에도 차가운 도시의 골목에도 눈꽃의 입맞춤에 세상의 한 귀퉁이가 전율하는구나. 무언가無言歌에 맞추어 너울너울 춤을 추거라. 눈꽃 피는 밤 홀로 눈 위에 길을 내는 누이야. 눈꽃이 진다고 모두 나신裸身이야 되겠느냐. 사라진 것들은 다시 돌아오지 않는다고 눈꽃에게 귀띔하지 마라. 세상을 가득 메웠다가 한꺼번에 무너지는 것이, 어디 눈뿐이냐?

찻잔에 어리는 얼굴

한 잔의 차를 마시며 한 사람을 생각합니다
찻잔에 어리는 얼굴
지금쯤 어느 낯선 곳에서
찻잔을 들고 잊어버린 세월을 마시는지
고개를 숙이고 있는지
찻잔 앞에 앉아 있는 내 마음도
차향茶香을 잃어가고 있습니다
차를 마시는 것은 옛사랑을 마시는 것입니다
기억하고 싶지 않은
쓰디 쓴 날들을 마시는 것입니다
그대여
그대의 찻잔에도 지금 옛사랑이 떠 있는지요
사무치던 그 얼굴이 어리는지요
이 세상 어느 구석 통유리 창가에서
마음의 테이블을 마주하고
한 잔의 차를 마시며 한 사람을 생각합니다

『정성수의 아포리즘』

· 길을 걸어도 당신 생각하면 가슴이 아파온다. 늘 가슴에 묻어두고 사는 사람, 눈 감으면 절절이 그리운 사람. 잠자리에 누어도 당신 생각하면 눈물이 난다. 당신이 계신 곳은 따뜻한 남녘땅인지? 내가 사는 이곳은 아직도 한 겨울이다. 사방을 둘러봐도 미안한 사람들뿐이라고 쓸쓸하게 웃던 당신. 당신이 보고플 땐 돌아눕는다. 이불을 끌어당겨 이마를 덮는다. 뒷문 밖 겨울 강이 쩡쩡 목 놓아 울어도 여전히 함박눈은 소리 없이 밤을 새워 내린다. 먼 곳에 불빛 하나 반짝이는 그 집이 바로 당신을 그리워하며 아직도 잠 못 이루는 나의 집이다. 어쩌다 지나는 길에 한 번쯤 들려주기를… 그럼 편안한 마음으로 마음의 등불도 함께 끄겠다.

군무

가창오리 떼가 하늘로 치솟는다

20여만 마리가 서로 부딪치지 않는 것을 보니
분명하다
저것은
조물주가 허공에 찍는 수많은 점들

갑자기 먹구름이 된
가창오리 떼
하늘을 덮는다

햐 겨울비 내리면

가창오리 떼의 군무는
금강호 수면에 떨어지는 빗방울이다

『정성수의 아포리즘』

· 조물주도 가끔은 얄미운 때가 있다. 강과 바다의 경계가 무너지는 저물녘에 군산 철새 조망대 올라보면 조물주가 어둠을 하구(河口)로 밀어내고 있다. 마침내 우주가 호흡을 시작하는 그 순간에 수십만 가창오리 떼들의 서러운 날갯짓은 바다에 닿지 못해 절망하는 강물의 반짝이는 눈물 같다. 하늘을 한순간에 압도하는 저것은 조물주의 장난 같기도 하고 조물주가 그려내는 한 폭의 그림 같기도 하다. 삶이 덧없다고 생각되는 사람들은 겨울 잔치가 한창인 군산 금강호를 찾아가 보시라. 석양과 어우러진 가창오리들의 군무를 보면 살아가야 할 답이 거기에 있다.

화살나무

온 몸으로 날아가 그대의 심장에 꽂히고 싶어
화살나무는 가지마다
화살촉을 붙여놓고 있었다

그대를 향해 시위를 당겼으나
날아가지 못하는 화살이다

한 평생을
살아있는 듯 죽었다가 죽은 듯 살아있다가
궁사弓師가 되어

과녁은 멀리 있어도 그리움을 힘껏 당기고 있는
저 화살나무

『정성수의 아포리즘』

· 화살나무는 전국 어디에서나 자라는 사람 키 남짓한 작은 나무다. 특별한 모양새는 귀신의 화살 깃이란 뜻으로 예전에는 귀전우鬼箭羽라 했다. 봄에 손톱만 한 녹색 꽃이 핀다. 가을에 들어서면 비로소 화살나무의 존재를 알게 된다. 열매와 단풍이 특별해서다. 꽃자리에 달렸던 열매는 껍질이 벌어지면서 주홍빛의 동그란 씨가 나온다. 표면이 매끄러워 마치 루비 알 같은 빛을 내어 우리의 눈을 사로잡는다. 쏘아 올려야 할 것들이 많다는 듯이 화살나무는 가지마다 붉은 열매를 장전해 놓고 눈치를 본다. 기회가 왔다고 생각되면 화살을 시위에 메겨 쏘아 보낸다. 화살은 과녁을 향해 온 몸으로 날아간다. 날아간 화살은 목표의 정중앙에 꽂히면 본분을 다 하는 것이다. 평생을 연모하는 나이테 같은 과녁 중심에 적중하는 순간 허공을 건너온 아픔은 순식간에 사라진다. 가을에는 가지 끝 잎들이 빨갛게 물들어 단풍이 아름다운 화살나무. 때로는 선혈이 사랑의 징표가 되기도 한다.

겨울강

당신이 차장 밖을 내려다보며
손을 흔들 때
나는
차장을 올려다보며
입술을 깨물었다

차장에 쫘악
거미줄 같은 금 가더니
어디선가
겨울강 찢어지는 소리가 들렸다

『정성수의 아포리즘』

· 꽝꽝 언 겨울강을 어떤 사람은 강이 겨울잠을 잔다고 말하고 어떤 사람은 강이 죽었다고 말한다. 가만히 귀 기울이면 얼음장 아래서 강이 유장하게 흐르며 노래를 부르고 있다는 것을 알게 된다. 노래야말로 웅변보다 울림이 크다. 속으로 노래를 부르고 있는 겨울강에 나가 언 강에 돌 하나를 던진다. 돌은 얼음장을 핥으며 강 복판을 향해 날아간다. 그러나 강은 깊이를 보여주지 않는다. 삶에 대한 분노가 얼어붙은 것이 겨울강이라며 돌을 던지고 또 던진다. 우리들은 짝사랑을 계란으로 바위치기라고 한다. 이것은 해봐야 되지 않는 헛된 일을 반복하는 어리석음을 두고 하는 말이다. 그것이 운명이라면 겨울강에 돌을 던지는 일이 허무한 일일지라도 우리는 돌 던지는 일을 기꺼이 계속해야 한다. 멈춘다는 것은 포기한다는 것이다. 계란으로 바위를 치는 것 처럼 겨울강에 나가 수없이 돌을 던지다 보면 어쩔수 없이 봄은 온다.

신新 조문

아무도 울지 않았다 영정 앞에서
아이고 땜을 놓거나
방바닥을 치는 사람은 한 사람도 없었다
엘리베이터 안에서 만난 이웃과 눈인사를 나누듯이
잠시 영정과 눈을 맞추고
상주와 맞절을 하고 있었다
몇은 조위금함에 봉투를 밀어 넣고는
아는 사람을 만나 히끗 웃거나
손을 잡고 안부를 묻기도 하였다
죽은 사람은 죽은 사람이고
산사람이나 살아야 한다고 서로를 위로 하고 있었다
옆에 있던 얼굴 하나가
육개장 한 그릇을 뚝딱 해치우고는 또 봐~
한 마디를 남기고는
독립운동하러 가는 사람처럼 분연히 일어선다
자정이 넘으면 상주들은 벽에 기대거나 팔베개를 벤 채
목침처럼 잠이 들고
조문객들이 남긴 발자국 몇 영정을 지키고 있었다

『정성수의 아포리즘』

· 조문은 조상弔喪과 문상問喪을 뜻하는 용어로 조상은 망자의 죽음을 슬퍼하며 재배로써 예의를 표하며 문상은 죽음을 묻는다는 뜻으로 상주에게 위문 인사를 하는 것이다. 천주교에서는 선종善終, 기독교에서는 소천召天, 불교에서는 입적入寂이라고 한다. 조문의 절차는 천주교, 불교, 유교에서는 헌화 또는 분향을 한 뒤 망자를 향해 두 번의 절을 한 후 상주와 한 번의 맞절을 한다. 그러고 나서 상주에게 위로의 말을 한다. 기독교에서는 헌화를 하고 기도를 한 후 유족과 인사를 하며 위로의 말을 전한다. 요즘은 이런 격식보다도 조의금 두께에 따라서 문상을 다녀간 조객들에게 감사장을 보내는 속도가 다르다는 우스갯소리가 있다.

사랑 앞에 무릎 꿇은 당신

제4부

사랑 앞에 무릎 꿇은 당신

그래서 청춘

붉은 꽃도 꽃이고 흰 꽃도 꽃이다

봄날이면 이마가 환한 젊음도
땡볕에 스스로 담금질하는 젊음도
낙엽을 바라보며 가을이 되어가는 젊음도
눈보라 속에 오래도록 청청한 젊음도

모두모두 꽃이다
홀로 피어도 향기로운
무더기로 피어 꽃밭이 되는

그래서 청춘

『정성수의 아포리즘』

· 인생길에는 산도 있고 강도 있고 천둥번개가 치는 날도 있다. 사람은 늙어가는 것이 아니라 포도주처럼 세월이 가면서 익어가는 것이다. 그러므로 인생에서 중요한 것은 실패했다고 낙심하지 않는 것이며, 성공했다고 자만하거나 기쁨에 도취되지 않는 것이다. '사무엘 울만'은 "청춘이란 인생의 어느 기간을 말하는 것이 아니라, 마음의 상태를 말하는 것입니다. 때로는 이십의 청년보다 육십 된 사람에게 청춘이 있습니다. 나이를 먹는다고 해서 늙는 것은 아닙니다. 이상을 잃어버릴 때 비로소 늙는 것입니다." 라고 했다. 청춘이란 뒤를 돌아보는 것이 아니라 오로지 앞을 보고 살아가는 사람의 다른 이름이다.

호미

헛간에 호미가 걸려있다
지난 가을 산으로 가신 어머니의 허리처럼 굽어 있다
호미 앞에 무릎을 꿇었다

내 모습이 호미를 흉내 내고 있었지만 나는
호미가 되지 못했다
단 한 번도
채전에 똥덩이를 묻어 준 일이 없으므로

호미가 말했다
아들아
똥도 잘 익으면 구수한 냄새가 난단다
네가 좋아하는 누룽지처럼
한 끼의 식사가 되지 않느냐

나는 붉은 녹물이 뚝뚝 떨어지는 호미를
두 손으로 받쳐 들었다

『정성수의 아포리즘』

· 호미의 쇠날 앞은 뾰족하고 위는 넓적하다. 목이 휘어 꼬부라져 넘어간 부분에 둥근 나무토막을 박아 자루로 삼는다. 호미의 형태는 보습형, 낫형, 세모형이 있다. 보습형은 쟁기 보습처럼 날끝이 뾰족하고 위는 넓적하여 논을 매는 데 적당해 논호미라고 부르고 낫형은 날이 너비에 비해 길이가 길며 끝이 날카로워 자갈 등의 저항물이 많은 데에서 쓰기 편리해 밭호미라고 부른다. 세모형은 장삼각형長三角形으로 양변에 비해 바닥의 길이가 길다. 보리·옥수수·밀과 같이 이랑이 넓은 밭의 풀을 매는 데 편리하다. 어머니는 이 세상에 가장 정직한 것이 땅이라며 평생을 호미처럼 살았다. 어머니가 쓰던 호미는 어머니처럼 평생 고단한 삶이었다. 누릴 만큼 누리고 사는 자식들에게 당신의 손길을 조금이라도 더 주고 싶어 하는 그 마음을 생각하면 가슴이 먹먹해진다. 삽이 땅을 파는 아버지라면 호미는 풀밭에 엎드려 있는 어머니다. 어머니의 진땀이 밴 호미는 아직도 세월의 무게를 잘도 견디며 헛간에 걸린 채 붉은 녹물을 뚝뚝 떨어뜨리고 있다. 어머니라는 이름 앞에서는 세상의 어떤 어른들도 응석을 부리고 싶어 한다.

월광 소나타

술 한 잔 찐하게 걸치고 오밤중에 집에 왔다
대문이 잠겨 있다
보나마나
여편네 짓이다
월장을 하려고 다리 하나를 담장 위에
터억~
걸쳐 놓았다
순간 가지랑이 사이에서
땡땡땡
종소리가 났다
밑을 보니 도둑고양이 한 마리가 바짓단를 잡고
내 종을 치고 있었다
이집 저집 창문에 불이 켜졌다
오매 기죽어

『정성수의 아포리즘』

· 허구한 날 술에 취해 새벽에 들어오는 남편을 보다 못한 아내가 바가지를 긁는다. 화를 내고, 앙탈을 부려도 묵묵부답인 남편이다. 화가 머리끝까지 난 아내가 소리쳤다. '해도 해도 너무 하는 것 아녜요? 왜 새벽에 들어오는 거예요!' 남편이 히죽 웃으며 대꾸를 한다. '이 시간에 문 열어 주는 곳이 이 집 뿐이어서…' 능청스럽기 그지없다. 술꾼들에게 이른 귀가는, 날마다 들락거리는 골목이 왠지 낯설고 발걸음이 무겁다고 한다. 어제는 핑계가 있어 한 잔, 오늘은 핑계가 없어 한 잔 했다. 그래도 전봇대에 상의를 걸어두고 오지 않는 것만으로 천만 다행이다. 아침에 북어를 인정사정없이 팰 줄 아는 아내는, 술꾼의 아내가 아니라 걱정 많은 어머니같은 여자다.

젖과 좆

유방이라는 말에는
탱글탱글한
우윳빛 비린내가 난다
젖은
어머니의 메마른 가슴에 붙여 놓은
건포도 한 알이다

자지가 자라서 근육질 남자의
심벌이 된다
축 늘어진
좆은
아버지의 나라를 떠받치던
기둥이었다

어머니의 젖과 아버지의 좆으로 하여
자식들은
잘 먹고 잘 산다

『정성수의 아포리즘』

· 문학작품에서 성을 다르면 구설수에 오르기 십중팔구다. 마광수의 '즐거운 사라', 장정일의 '내게 거짓말을 해봐', 이현세의 '천국의 신화'가 일으킨 파문은 말 그대로 매머드급이었다. 이것은 대한민국에 봄이 찾아온 1990년대 이후에도 성적인 문제에 관해서는 완고한 보수주의가 지배하고 있었다는 것을 짐작할 수 있다. 이제 성은 문학뿐만 아니라 다른 예술장르와 문화 전반에 걸쳐 화두로 떠올랐다. 그러나 예로부터 엄숙주의와 경건주의가 문화계 전반을 지배하고 있어 문학작품에서 성을 다루면 경시하고 도외시 당한다. 특히 성에 기원을 둔 욕은 만악萬惡의 근원으로 치부하고 있다. 하지만 욕은 모든 문화권에서 보편적으로 사용하는 만능 낱말이자 언어다. 받아들이는 입장에서 보면 느끼기에 모두 같다고는 할 수 없다. 문학 작품에서 년 또는 놈 나아가 씹팔년, 씨팔놈은 물론 젖이나 좆 또는 씨불알, 씹, 부라쟈, 팬티 등 성기에 관련 된 것들은 모두 금기어다. 금기어를 사용한 문학작품은 음담패설이라고 폄하할 뿐만 아니라 '예술이다, 외설이다'라는 흑백논쟁에 휘말려 곤혹을 치루거나 몰매를 맞기도 한다. 이런 현실은 문학의 다양성을 위축시키고 나아가 문화의 퇴보를 가져 올 게 뻔하다.

굽은 등

등이 굽었으니 그림자가 굽었다

한 번도 내 등을 본 일이 없는
나는
등이 굽었다고 말하는 사람들을
원망하면서 살아왔다

달아 고맙다
그림자를 만들어 줘서
네가 하늘에 둥근 거울로 걸려있는 동안
굽은 내 등을 볼 수 있어서

고맙다
정말 고맙다고 인사를 하자

내 굽은 등이 마음을 바르게 펴는 것 이었다

『정성수의 아포리즘』

· 나를 키운 것은 아버지의 등이었다. 지게를 지고 한 생을 살아온 아버지의 활처럼 굽은 등은 자식들의 호구를 해결해야 하는 절박함이 있었다. 현대라는 문명시대로 들어서면서 사회적으로나 가정적으로 아버지들의 설자리는 더욱 좁아져 간다. 소처럼 일만 하는 아버지들은 자신을 잊고 사는 경우가 많다. 요즘 아버지들의 등은 외롭고 지친 모습이다. 아버지의 등이 굽은 것은 자식들이 아버지의 등골을 다 빼먹었기 때문이다. 아버지의 등 뒤로 세상의 바람이 불어온다. 이제 나도 아버지가 되었다. 낙엽 지는 가을이면 아버지가 좋아하시던 홍시가 치천이다. '아버지, 뒤꼍 감나무의 감이 익었습니다!' 박인로朴仁老의 조홍시가早紅柿歌가 생각나는 밤이다.

흔들다

바람에
나뭇잎이 흔들리고 있었다

자세히 보니
나뭇잎이
바람을 흔들고 있는 것이었다

오랫동안 모르고 있었다

내가 그대를
흔드는 것이 아니라
그대가 나를
흔들고 있었다는 것을

『정성수의 아포리즘』

· 질풍에도 부러지지 아니하는 억센 풀을 질풍지경초疾風知勁草라고 한다. 어떠한 어려움에도 마음이 흔들리지 아니하는 사람을 비유한 말이다. 강한 바람을 맞아봐야 강한 풀인가 아닌가를 안다는 것은 인간은 곤란을 겪어보아야 재능이나 역량을 알 수 있다는 말이다. 바람이 불면 풀은 쓰러지지 않으려고 더 깊이 뿌리를 내린다. 위급존망危急存亡의 비상 상태를 만나면 그 인물의 절조節操의 굳기를 알 수 있다. 흔들거든 흔들려야 한다. 그래야 꺾이지 않고 유연하게 바람을 탈 수 있다. '군자의 덕德은 바람과 같고 소인의 덕은 풀과 같은지라 풀 위에 바람이 불면 풀은 반드시 눕게 된다' 맹자의 말이다.

광대하고 무량한

이 세상 다 하는 날까지 숨을 쉬고 살지만
호흡과 호흡 사이가 길면
한 생명이 절단날 수도 있습니다
우주를 들이마시면서
감사의 눈빛 한 번 준 일이 없습니다

햇빛은 너무 강해 바라볼 수 없고
부모님 사랑은 너무 커 보이지를 않습니다
하늘은 다 그릴 수 있는 화공은 없고
바다를 담을 수 있는 바가지는 없습니다

광대하고 무량한 것은
인간들의 소갈머리로는 가늠조차 할 수 없습니다

『정성수의 아포리즘』

· 우리는 작은 선물을 받고 감동한다. 생각지 않은 술을 얻어먹고 목을 움츠리며 고맙다는 인사를 한다. 작은 것에 눈이 멀어 큰 것을 놓치기도 한다. 그러나 코를 막고 일분만 호흡을 참아보라. 공기가 얼마나 소중하고 귀한 것인가를 깨닫게 될 것이다. 자식을 위해서 평생을 바치는 부모에 대한 고마움을 모르기도 한다. 돌아가신 뒤에 땅을 치는 자식들이 많다. 광대하고 무량한 것에 대해서는 무감각하다. 천지에는 광대무량한 도가 있다. 그 도를 체 받아서 편착심偏着心을 없애야 한다. 편착심이란, 욕심과 습관에 끌려 한쪽으로 기우는 마음이다. 바늘도 안 들어갈 만큼 답답한 마음을 해소하는 방법은 광대 무량한 내 본래 마음을 찾는 것이다. 그때 비로소 우주가 보이고 진정한 사람이 된다.

넝쿨 장미

낮술 한 잔
걸쳤는지

낮거리가
생각나는지

담장 위로 내민
얼굴
얼굴들

환장하겠다
저
붉은 입술

『정성수의 아포리즘』

· 5월의 중순을 지나더니 한 두 송이 피던 넝쿨장미가 갑자기 확~ 피어 화려하다. 담장 위에서 넘치는 열정을 주체하지 못하고 세상을 향해 뜨거운 입김을 발산하고 있다. 넝쿨장미는 햇살 아래에서 여왕이고 그 햇살로 인하여 화려한 꽃을 피워낸다. 붉은 빛깔에 마음을 빼앗긴 사람들은 꽃에 취하지 않을 수 없다. 넝쿨장미를 바라보고 있노라면 저 깊은 곳에 침잠되어 있는 사랑의 불씨가 되살아나는 것 같다. 주체할 수 없는 가슴을 달랠 길 없는 넝쿨장미가 지나가는 사람들에게 말을 걸어온다. 정말 사람이 꽃보다 아름답냐고? 떼거리로 피었지만 거기에도 군중 속의 고독이 있다.

고백

그 여자는 내게
사랑한다고 말하지는 않았으나
늘
보고 싶다고 했다

건조한 말 속에
그 여자의 연정이 들어 있다는 것을
나는
눈치 채고 있었다

그 여자에게 가끔 생각했었다고 말했다

내 속을 들여다보고 있다는 듯이
그 여자는
웃기만 했다

그 여자와 나의 밀땅은 지금도 유효하다

『정성수의 아포리즘』

· 사랑을 얻기 위해서는 고백의 타이밍이 중요하다. 상대방의 기분이나 상황을 종합적으로 판단해서 고백을 해야 성공할 확률이 높다고 한다. 아무리 마음에 두고 기다리던 상대라도 고백 타이밍이 최악이면 성공하기 힘들다는 것은 자명한 사실이다. 그러나 너무 고민하지 마라. 언제 고백할 것인가 고민할 때가 바로 고백할 때다. 지금 고백해보라! 타이밍을 잘 잡는 것도 연애의 기술에 속한다고는 하지만 탱크처럼 밀어붙이는 사람이 사랑을 쟁취한다. 명언은 실천할 때만 명언이다. 나중에 하면 안 되는 일은 사랑한다는 고백이다. 참사람은 고백을 전제한다. 고백한 사랑이어야 참사랑이다. 고백은 너와 나와의 만남이요, 표현이며, 연결이며, 인식이며 입김이다. 지금 고백해라. 사랑은 당신 것이다.

삶이란

파도가 방파제에 이마를 부딪쳐
암각화를 새기거나
담쟁이가 기를 쓰며
벽에 실핏줄을 붙여두는 것이나
삶이란
세월의 주름을 흔드는 일이다
그리하여 생명이 다하는 날
불끈 쥔 두 주먹을 펴 보이는 것이다
부딪치면 부딪치는 대로
깨지면 깨지는 대로
몸을 뒤집어 어우러지는 파도같이
푸르렀다가 우수수 지는 담쟁이처럼
세월에게
몸을 맡기는 것이 아니겠나

『정성수의 아포리즘』

· 누군가와 함께 가는 것, 손을 꼬옥 잡고 발을 맞춰 먼 길을 가는 것, 저녁강에서 어깨를 기대어 '人'자를 만들고 노을에 젖은 강물을 바라보는 것 그것이 삶이다. 어떤 시인은 '삶이란 무엇인가? 물어도 물어도 알 수가 없어서 자꾸, 삶이란 무엇인가? 되묻게 되는 것'이라고 했다. 삶이란 각자에게 주어진 길을 가는 것이다. 이를 악물고 가야하는 것이다. 돌아오지 못하는 강을 따라 떠나는 먼 여행이다. 가치 있는 삶은 욕망을 충족시키는 삶이 아니다. 욕망은 새로운 자극으로 더 큰 욕망을 불러일으킨다. 욕망을 채워가는 삶은 결코 가치 있는 삶이라 할 수 없다. 가치 있는 삶이란 자신의 의미를 찾는 삶이다. 허락된 내 삶의 잔고가 얼마나 남아 있는지 확인하면서 날마다 새롭게 피어나는 꽃처럼 새롭게 시작해야 하는 것이다. 어제를 추억하고 오늘을 후회하고 내일을 희망하는 동안 한 생이 간다.

종소리

안을 치면 밖으로 우는 것이 종이다
댕그랑~ 댕그랑~
그것은 교회당의 종이 성도들에게 나눠주는
하느님의 말씀
덕진공원 벤치에 앉아
내 마음의 빈 그릇에 주워 담는다
그 종소리
주워 담고 주워 담아도
채워지지 않는 허허로운 내 빈 그릇
이 세상 어느 튼튼한 철창도
종은 가둘 수 있지만 종소리는 가두지 못한다

『정성수의 아포리즘』

· 종소리는 나라마다 다르게 들린다고 한다. 이탈리아의 종소리는 '댕댕' 가볍게 들리고, 북유럽의 종소리는 '대앵 대앵' 느릿느릿 들리고, 에밀레종으로 대표되는 우리나라 종소리는 중국이나 일본의 종에 비해 울림이 깊다. 끊어질 듯 끊어질 듯 이어진다. 우리 국민성을 닮아서 은근과 끈기가 있다. 이처럼 종소리는 그 나라 사람들의 기질과도 관계가 있다고 한다. 독일 레오나르도 피터 브라운Leonhard Peter Braun의 작품 '유럽의 종'은 출생의 종소리, 결혼의 종소리, 장례의 종소리(弔鐘)로 인간의 한 생을 그려내고 있다. 종소리는 사람들의 마음을 가득 채우고 마을에서 이웃마을로 퍼져 나간다. 그런가하면 허한 가슴속에서 오랫동안 파문을 일으키며 동그랗게 동그랗게 퍼져나가기도 한다.

가을비

마음의 문을 열고 들어야 들리는 소리
가을비 오는 소리
빗물이 슬픔을 덮을 때
비로소 들리는 소리
간간한 빗소리
숨 막히게 그리워 맨발로 달려가고 싶은
들녘 저편에
빗소리를 내며 서 있는 사람
가을이 된 사람 불러내어
이 밤이 새도록 함께 붉어지고 싶은
비야 비야
가을비야
대지의 한 귀퉁이를 적시는 소리에
세상이 어두워간다

『정성수의 아포리즘』

· 우리는 증오하고 다투기 위해서 만난 것이 아니라, 서로 사랑하고 의지하기 위해서 전생에서 이승으로 건너온 사람들이다. 가을비가 내린다. 외로움과 쓸쓸함을 동반하고서 가을가을 내린다. 외로움은 문득 울고 싶은 생각이 드는 것이고, 쓸쓸함은 울어도 변하는 것이 아무것도 없는 것이라고, 우리는 이미 알고 있다. 가을비 내리는 소리를 들으면서 그 사람은 지금 어느 하늘 아래서 무슨 일을 하고 있을까? 안부가 궁금해지는 그런 가을밤이다. 가을밤에는 마음의 등불 하나 창가에 내다 걸 일이다. 우리 모두의 쓸쓸함을 위해서, 서로에게 위로가 되기 위해서…

밥

아내가 쌀 한 부대를 팔아왔습니다
쌀을 보니
갑자기 목이 멨습니다
한 톨 한 톨
맑고 투명한 아버지의 땀방울이었습니다

쌀부대에서 아버지가
한 그릇의 밥을 들고 걸어 나옵니다
새벽별을 보고 들녘으로 나가 어둠을 지고 돌아오던
아버지였습니다

아버지가 내민 밥을 받아들자 두 손이 떨렸습니다

눈물에 밥을 말아도
밥이 목구멍에 넘어가지 않았습니다

밥그릇을 끌어안고 한참을 울었습니다

『정성수의 아포리즘』

· 우리나라 음식 중에서 가장 기본이 되는 음식이 밥이다. 밥은 일반적으로 쌀이 주를 이루기 때문에 쌀밥을 가리킨다. 보리·콩·조 등의 곡식을 섞기도 하며 감자·밤·나물·김치·고기·해산물 등을 섞기도 한다. 밥은 우리나라를 비롯하여 일본·중국·베트남 등 주로 아시아 지역의 나라에서 주식으로 하고 있다. 밥을 누가 먹느냐에 따라 밥 이름이 다르다. 임금이 드시면 '수라', 양반이나 윗사람이 드시면 '진지', 하인이나 종이 먹으면 '입시', 귀신이 먹으면 '메'라고 한다. 금강산도 식후경이다. 삼일 굶으면 누구라도 월장을 한다고 한다. 가난은 나랏님도 구제 못한다고는 하지만 그렇다고 가난에게 항복할 수는 없지 않은가?

어떤 하관

힘주지 마라 목 부러진다
소나기도 잠시고 뇌성벽력도 한 순간이다
하늘은 금방 수정처럼 맑아지고
저녁 해는 서산 뒤로 눕는다

풀잎에 맺힌 아침이슬같은 삶은
밤하늘 별을 보며 말하리라
부끄러웠다 한 세상

한 사내가 칼자루를 움켜쥐었던 손으로
제 가슴을 난도질 하더니
석문을 철가리하고 천 년 죄 닮음을 한다

『정성수의 아포리즘』

· 사람은 누구나 죽는다. 불행한 것은 언제 죽을지 모른다는 사실이다. 그것은 태어난 순서대로 죽는 것이 아니기 때문이다. 하지만 대부분의 사람들은 죽음을 생각하고 살지 않는다. 죽음에서 예외인 사람은 아무도 없다. 그렇다면 문제는 얼마나 오래 살았는가가 아니라 '어떻게 살다 어떻게 죽느냐?'일 것이다. 죽음을 앞둔 사람들은 다시 한 번 살 수 있다면 '정말 의미 있게' 살 수 있을 것이라고 말한다고 한다. 지금까지의 삶은 무의미했다고 후회하기도 한다. 삶을 진지하게 생각하면 항상 죽음을 생각하고, 죽음이 무서우면 삶을 뒤돌아 봐야 한다. 그렇기 때문에 삶은 죽음과 밀접하게 연관된다. 독일의 철학자 마르틴 하이데거Martin Heidegger는 '삶은 죽음을 향하여 달려가는 것'이라고 했다.

적막

낙엽이
저희들끼리 부스럭거리는
가을이 가면

달빛어린 창 너머에는
그믐달 스러지고

지난여름 찬란했던 꿈
와락
끌어안으면

적막하다 이 세상

『정성수의 아포리즘』

· 가을이 적막하다고 느끼는 것은 '나만 행복하지 않다'는 생각 때문만은 아니다. 이런 생각이 들면 내 안의 길고 긴 어둠의 터널에서 빠져나와 나를 비워 보는 것이 좋겠다. 머릿속은 늘 사사로운 감정들로 얽혀져 어디에서부터 풀어가야 할지? 문제로 남는 이 가을. 차를 타고 조금만 달려 나가면 넓은 들과 산이 맑은 공기를 내 뿜고, 시원한 바람은 입맞춤으로 다가 온다. 가을이 주는 거대한 숭고함은 아무리 예찬을 해도 모자란다. 가을의 적막. 와락 끌어 안아보라. 달빛 어린 창 너머에서 나처럼 적막하게 바라보는 한 사람 있을 테니까. 그 사람이 먼저 손을 내밀어 올 것이다.

후회

오는 손만 잡을 줄 알았지 가는 발에게 허리 굽힐 줄을 몰랐다

들꽃 한 송이 꺾어들고 낄낄거리던 사내가
거실 화분의 꽃이 시든 것을 보고 크게 땅을 쳤다

저런?
꽃이 환한 줄 만 알았지 꽃이 시든다는 것을 몰랐으니

강물을 거스를 수는 없어도
강물을 따라
흘러갈 수 있다는 것만 알았어도
가슴을 긋는
후회는 없을 텐데

때로는 헌 것이 새 것 보다 먼저 눈에 들어 올 때가 있다
미쳐도 좋았던 시절이 있었다

『정성수의 아포리즘』

· 살아가면서 후회의 순간은 참 많다. '그때 그런 말을 하지 말아야 했는데, 우리는 손을 잡는 것이 아니었는데, 그때 참아야 했었는데…' 등. 생의 갈림길에서 선택의 반대편에 있던 또 다른 선택에 대한 후회와 아쉬움이 밀려올 때가 있다. 영원히 철들지 않는 남자들의 심리학 김정운의 '나는 아내와의 결혼을 후회한다'를 읽어 보라. 지금의 아내 아닌 다른 여자와 결혼을 했더라면 정말 행복할 수 있었을까? 의무와 책임만 있고 재미를 잃어버린 이 시대 미아迷兒들에게 반문한다. 누군가에게 위로받고 싶지만 딱히 하소연할 때도 없는 남자들이여! 팔뚝 굵은 아내가 차려준 아침 밥상에 감사하며, 삶의 즐거움을 찾으라. 지나간 후회보다 현실에 충실하시라. 그리하여 후회 없는 한 세상을 살아가시라!

2월

정월 뒤에서 삐죽 얼굴을 내밀었다가
휙 가버리는
2월은
삼월이 오면 언제 있었느냐는 듯이
금방 잊혀지는 달이다
정월과 3월 사이에서 말빨 안서는
서자 같은 슬픈 달이다
어쩌면 짠하고 초라하고
좀 모자라는 것 같은
그런 2월이 있어
봄 햇살이 눈을 뜨고
얼음장 아래 냇물이 기지개를 켜는 것이다

『정성수의 아포리즘』

· 한때 '1등만 기억하는 더러운 세상'이라는 선풍적인 유행어가 있었다. 이제 철지난 농담이지만 1등만 우대하는 현실은 아직도 유효하다. 모든 스포트라이트는 1등에게만 집중된다. 운동경기에서도 그렇고 공부에서도 그렇다. 심지어 선거에서도 2등은 초라하고 쓸쓸하다. 2등은 1등이 되기 위해 절치부심하고 있을 것이라 생각하지만, 2등은 나름대로의 역할과 삶이 있다. 다만 사람들이 2등을 안타깝게 생각하거나 동정의 시선으로 바라보고 있다는 것뿐이다. 오랫동안 2등은 1등에 오르지 못한 실패한 부류로 평가 받았다. 하지만 2등은 1등에 못지않은 존재감이 있다. 때로는 1등 이상의 역량을 보여주기도 한다. 사회적 경쟁이 가속화되면서 이와 같은 경향은 갈수록 짙어지고 있다. 우리는 2등에 대해서 주목해야 한다. 2등과 1등의 본질적 차이는 서열이 아니라 '역할의 차이'라는 것을 인식해야 한다.

취몽醉夢

팔자 한 번 고쳐보고 싶어 로또를 샀다
복권을 어루만지며 생각했다
당첨만 돼 봐라 그 동안 술·밥 얻어먹은 놈들
죄다 집합시켜 놓고
배꼽이 튀어나올 때까지 퍼 먹이겠다
수영장과 바가 있는 로얄 패밀리 아파트 한 채 사고
수제품 자가용 한 대 뽑아야겠다
콧대 높은 그 여자의 자존심을 팍 꺾어 싣고서
경부고속도로를 달려야겠다
함박눈이 내리는 날
붉은 냄비라도 만나면 수표 한 장 큰 것으로 밀어 넣고
구세군 사관이 허리를 굽히면
흰 이빨을 보이겠다
야무지게 꿈 하나 엮고 있는데
-졸고 있는 거야? 이 난달에서-
한 꼬마가 부는 장난감 나팔 소리가 어깨를 흔든다
몸이 옆으로 휘청한다
앉아있는 벤치 아래
누가 잃어버렸는지 배춧잎 한 장 나뒹굴고 있다

『정성수의 아포리즘』

· 로또에 당첨된다면 가죽재킷을 입고 할리데이비슨HarleyDavidson을 집어타고 장발을 휘날리며 라스베이거스에 가서 야경을 바라봐야겠다. 최고급 뷔페가 있는 호텔에서 럭셔리한 생활을 즐기면서 살고 싶다는 젊은이 꿈이 야무지다. 그러나 로또 1등에 당첨될 확률은 814만5천60 : 1이란다. 돼지꿈이 아니라 용꿈을 꿔도 말짱 꽝이다. 번개에 8번 맞을 확률보다 더 낮다고 얘기하는 사람도 있다. 로또에 당첨돼 세상구경 다하고 맛있는 것 다 먹고 사고 싶은 것 다 사고 그러고 나면 뭘 할까? 저 세상으로 꽃구경이나 갈까? 로또로 팔자 고치겠다고 큰소리치시는 분들 '정신 차리시게!' 이렇게 말하면 복권방 주인에게 맞아 돌아가는 것은 아닌지 그게 걱정이다.

천벌

송아지 값이 만원이라니 한·미 FTA가
이렇게 만든 것이라고
축산업을 하는 소방울씨가 정부 정책에 불만을 쏟는다

순창에서는 소를 굶겨 죽였다는 소리도 있는데
오죽했으면 그랬을까
하는 생각도 들지만 산 목숨을 굶겨 죽이다니
천벌을 받지

소 값 폭락으로 축산 농가는 허물어지는데
고깃집 메뉴판에 붙여진 소고기 값은 여전히 당당하다

빈 여물통에 혀를 길게 빼어 핥고 있는
송아지의 슬픈 눈망울을 보라
송아지도 화가 나면 뿔 없는 뿔로 들이 받는다

『정성수의 아포리즘』

· 한때는 송아지 한 마리 값이 단돈 만원이었다. 그때도 식당에 가면 소고기 값은 금값이었다. 축산물 유통은 농가→ 수집상→ 도축장→ 가공공장→ 도·소매로 이어지는 5단계의 구조다. 다단계 형태로 이어지는 유통구조는 출고하는 가격과 소비자가 실제로 구매하는 가격 사이에 약 60%의 중간 유통 마진이라는 거품이 존재한다. 이처럼 유통 단계에서 폭리를 취하고 있기 때문에 소 값은 떨어져도 소고기 값은 그대로인 것이다. 우리들이 해야 할 일은 소비자 가격을 단 1원이라도 싸게 할 수 있도록 유통 구조를 개선하는 것이다. 마진을 포기해서라도 업계가 위기 극복을 위해 함께 한다는 공감대를 형성해야 한다. 서로의 이해관계를 떠나 한우 소비 확대라는 큰 목표 아래 긴밀하게 협력해야 축산가들이 살아남는다.

오지 않는 사람은 오지 않는다

기다리지 마라
아무리 기다려도 오지 않는 사람은 오지 않는다
쓸데없이 핸드폰을 열고
문자가 왔는지 확인 하지마라
울리지 않는 벨을 기다리며
마음 아파 하지마라
그대가 생각하는 만큼
저쪽은 절박하지도 심각하지도 않다
생각나면 무작정 길을 나서라
걷다보면 잊는다
그게 사랑이다
그리운 사람은 그리운 사람들끼리
외로운 사람은 외로운 사람들끼리
손을 잡고 걸어라
오지 않는 사람은 죽어도 오지 않는다

『정성수의 아포리즘』

· 배신背信.Betrayal은 개인과 개인 또는 개인과 조직 또는 조직과 조직 사이의 관계에서 도덕적 · 심리적 갈등을 생산하는 추정상의 계약, 신뢰 또는 자신의 파괴나 위반이다. 사람을 배신하는 사람은 일반적으로 배신자背信者 또는 반역자反逆者라고 한다. 배신의 역사는 예수의 열두제자 중 스승을 배반한 '베드로와 가롯 유다'로부터 시작되었다고 해도 과언이 아니다. 예수를 배신한 것은 베드로나 유다나 다를 바 없다. 그러나 참회의 과정에서 두 사람은 너무나 판이하게 다르다. 베드로는 스승을 배신 한 후에도 천국의 열쇠를 승계 받은 영광의 인물이 됐다. 그러나 유다는 저주의 대상, 배신의 상징적 존재로 남았다. 민족 대표 33인 중 변절자의 대명사가 된 최린崔麟은 '민족의 이름으로 이 최린을 광화문 네거리에서 처단해 주십시오'라는 참회로 반민특위 재판장을 울음바다로 만들었다. 부귀영화와 이익을 위해 자신까지도 배신한 자들은 역사의 심판을 받아야 한다.

궁

소가 여물을 먹고 있다 외양간에서
무릎을 꿇고
김이 모락모락 나는 여물을 부처님께 공양하듯이
여물을 씹을 때마다
턱밑에 매달린 워낭이 풍경소리를 낸다
마당에는 싸륵싸륵 눈이 쌓이고 잠든 세상은 끝없는 설원이다
허리 휘던 논·밭갈이도
등짐을 지고 산을 넘어오던 고통도
조용조용 내리는 눈발의 화음에 귀를 맡긴다
사람들은 약략스럽게 마음을 주지만 소는 언제나 전부를 바친다
나도 한번은 아버지의 밥그릇이 되고 싶다
퍼 먹어도 퍼 먹어도 줄지 않을
햅쌀밥 고봉으로 담고서
아버지의 턱밑에 다소곳이 엎드린
궁
눈 내리는 겨울 저녁
단 한 번만이라도 가슴 속을 다 파낸 그런 자식이고 싶다

* 궁 : 아름드리나무의 속을 파 낸 통나무로 된 소여물통.

『정성수의 아포리즘』

· 봄여름가을동안 쎄빠지게 일만하던 소가 여물통 앞에 무릎을 꿇고 저녁기도를 한다. 마당에는 함박눈이 쏟아지고 어둠은 외양간 지붕을 덮는다. 커다란 눈을 껌벅거리며 한가롭게 여물을 먹고 있는 소를 보고 있노라면 행복은 먼 곳에 있지 않고 바로 눈앞에 있다는 생각이 들기도 한다. 가끔은 우리 인생의 여물통도 엎어질 때가 있다. 관자놀이에 펀치를 맞고 주저앉으면 밥줄이 끊어지고 이뤄놓은 것이 한순간 날아간다. 공든 탑이 무너지는 절망감에 사로잡혀 어쩔 줄을 몰라 하기도 한다. 그런가 하면 잘 되어가고 있는 것도 근심걱정으로 애를 태우고 불확실성에 가슴 조이며 불안해한다. 그렇기 때문에 우리는 소의 여유로움을 잊고 사는 것은 아닌지? 혹시 나는 이솝의 우화 '여물통 속의 개'는 아닌지, 이 밤이 새기 전에 다시 한 번 자신을 돌아볼 일이다.

황혼

서쪽 하늘은 불바다
새 한 마리 날개에 불이 붙어 수직으로 떨어진다

붉은 눈물을 흘리면서
산 너머 저쪽으로 한 줌의 재가 된
늙은 새

굴건제복屈巾祭服들이 무릎을 꿇고 곡소리를 낸다

『정성수의 아포리즘』

· '황혼을 바라본다'는 말이 있다. 얼핏 들으면 아름다운 말 같지만 생각해 보면 서글픈 생각이 드는 말이다. R.M 릴케는 황혼을 이렇게 읊었다. '황혼은 아득한 저쪽으로부터 온다 / 눈 내리는 조용한 숲을 지나서 / 그리고 황혼은 그 겨울의 볼을 / 창마다 밀어낸다 가만가만히 귀 기울이면서 / 어느 집이나 모두 조용해진다 -이하생략-' 넘치는 패기와 뜨거운 열정을 가지고 거친 세상에 당당하게 맞서던 때가 있었다. 어떤 위기의 순간에도 흔들릴 수는 있었으나 결코 무너지지 않았던 시절이 있었다. 누구나 황혼 앞에서는 뜨겁던 열정도 고독 속으로 침잠하는 것 또한 사실이다. 황혼은 세월 속에서 다져진 생의 버팀목이다. 당신의 황혼이 아름답고 환하길 기원한다.

12월의 산타

12월에는 흰 수염을 날리며 뛰어다니는 산타가 되고 싶다
붉은 모자를 쓰고 도수 짙은 안경 너머로
가난을 바라볼 수 있는 그런
그 동안 모아왔던 물건이나 소장품들을 이웃들에게 나눠줘야겠다
12월에는
채우는 것이 아니라 덜어내는 것을 생각하면서
아이들에게는 예쁜 인형 몇 개씩 나눠주고
어른들에게는 내 생의 한 쪽을 떼어줘야겠다

12월의 뒷모습이 아름다운 것은
크리스마스를 기다리는 아이들의 눈이 있기 때문이다
마음과 지갑을 여는 어른들이 많기 때문이다
12월의 산타가 되는 것은 교과서에서 배운 것이 아니라
세월이 가르쳐 준 것이었다

『정성수의 아포리즘』

· 길거리 쇼윈도와 교회의 십자가에 반짝이 등이 걸렸다. 머지않은 곳에서 캐럴도 들린다. 한때는 빨간 옷을 입고 흰 수염을 기른 할아버지가 썰매를 타고 와서 선물을 놓고 간다고 믿었던 적이 있었다. 나이가 들면서 산타의 존재를 의심했다. 우리가 알고 있는 산타는 고향인 북극에서 순록이 끄는 썰매를 타고 전 세계에 있는 아이들에게 선물을 주는 빨간 옷을 입은 뚱뚱한 사람이다. 그는 선물과 너그러움과 넉넉함의 상징이다. 그러나 산타를 기다리던 시절이 있었다는 것만으로 행복하다. 며칠 있으면 성탄절이다. 한 해를 보내는 시점에서 회한에 젖는다. 이제 누군가를 위하여 지갑을 열고 작은 선물을 준비하겠다. 우리가 서로에게 산타가 될 수 있는 시간도 얼마 남지 않았다. 그대의 마지막 날들이 부디 가난하지 않기를…

사랑 앞에 무릎 꿇은 당신

<정성수의 문학론>

문학文學 이란 무엇인가

 '문학文學'의 '문文'은 말이 아닌 글을 뜻하고, '학學'은 예술이 아닌 학문을 지칭하는 것 같지만 문학은 한마디로 언어예술이다. 언어로 이루어졌다는 점에서 다른 예술과 구별되고, 예술이라는 점에서는 언어활동의 다른 영역과 차이점이 있다.
 그럼에도 불구하고 옛날에는 문학을 포괄적으로 학문이라는 뜻으로 사용해 왔다. 근세에는 순수문학을 필두로 언어학, 철학, 역사학 등을 문학으로 간주하다가 최근에는 단순히 순수문학만을 가리킨다. 문학은 언어를 효과적으로 구성하여 이루어지는 예술이기 때문에 언어가 생명이다. 언어를 기본으로 한 문자에 의한 예술작품으로 운문과 산문으로 대별한다. 운문에는 시, 시조, 동시, 동요 등 운율이 있는 글이며 산문에는 소설, 수필, 희곡, 동화, 칼럼, 평론 등 줄글이다.
 문학의 기능에는 교훈적 기능·쾌락적 기능·종합적 기능이 있다. 교훈적 기능은 문학을 통해 삶의 방향을 정하는 데 도움을 얻는 기능이다. 문학 작품 속 의미를 통해 인생의 참된 의미를 깨닫는다는 이론이다. 다음으로 쾌락적 기능은 사회적 또는 대중적인 즐거움이 아니라 문학 작품을 통해 느끼는 정서적 감정이다. 문학을 감상하고 이해한 후 의미를 전달 받은 데서 쾌락은 생긴다. 그렇기 때문에 많은 사람들이 연애 시詩나 연애 소설과 같은 것을 즐겨 읽는다. 문학 속의 연애 감정이 꽃처럼 피어나 쾌락적 행복감에 젖는 것이다. 끝으로 종합적 기능은 말 그대로 교훈적 기능과 쾌락적 기능이 종합된 것이다. 좋은 문학 작품은 삶의 지침이나 교훈을 주는 동시에 정신적 자극인 쾌락을 줌으로서 인생을 살아가는 지침이 되고 삶의 방향을 제시한다.

문학은 허구로 이루어진다. 허구의 세계는 보통 실제를 모델로 하여 만들어진다. 여기서 허구라는 것은 문학은 모방이며 동시에 창조라는 것을 뜻한다. 아리스토텔레스Aristoteles(기원전 384~322년)는 시학詩學에서 모든 예술은 모방이라 규정하고, 모방은 인간의 본능이며, 본능의 만족은 즐거운 것이라고 주장하였다. 문학의 허구성은 사실성의 새로운 모습이며, 생명적 조직을 가진 유기체의 한 모방이다. 야누스 코르작Janusz Korczak(1877~1942)은 독자는 문학작품의 수취인으로서 문학 내에서 빠뜨릴 수 없는 존재라고 했다. 이것은 '작가・작품・독자'로 이루어지는 삼각관계에서 독자는 수동적인 대상이나 단순한 연쇄반응이 아니라 역사를 형성하는 원동력이라는 의미다. '작품은 독자의 독서행위를 통해서 형성된다'는 프랑스 실존주의 대표적 사상가 사르트르Paul Sartre(1905~1980년)의 독자론讀者論은 그 동안 소홀하게 취급하였던 수용가인 독자에게 대한 중요성을 새롭게 인식시켜 준다. 오늘날 대다수의 독자는 작품보다 오히려 작가를 찾고 있다. 그러나 작가들은 독자를 갖고 있다고 생각하고 있는 것이다.

이제 작가들은 창조적 문학 활동을 해야 한다. 그것은 독자들에게 미적 만족인 즐거움을 주어야 하기 때문이다. 또한 작품을 통하여 재생적 체험과 모델로서의 삶을 인식하고 나의 삶과 우리들의 삶을 이해하는 데 목표를 두어야 한다. 문학은 작가나 독자들이나 자신의 몸과 마음을 새롭게 건져 올리는 재생적 생명이며 사랑이라고 할 수 있다. 뿐만 아니라 세상을 살아가는 법과 인간을 사랑하는 법과 이를 위해서 어떻게 만나고 어떻게 헤어져야 하는가의 인연의 의미를 깨닫게 해줘야 한다.

문학은 과학적 지식이 아니다. 경제학이나 사회학같이 경제적・사회적 발전을 위하여 소용되는 것도 아니다. 확실하고 분명한 것은 문학은 알아야 할 대상이 아니고 즐거움을 주는 것이다. 그렇기 때문에 가까이 하면서 정열을 쏟고 사랑해야 할 예술이다. 문학은 언어의 구체적인 형상화를 통하여 인생의 진실이 무엇인가를 제시하고, 그 위대한 사상을 정서화시켜 문학으로 보여주어야 할 의무가 있다. 이때 가르치고 교육하는 것이 아니라 깊은 공감력에 의해 마음을 움직이게 해야 한다. '위대한 작품은 우리를 가르치지 않고 우리를 변화시킬 뿐이다'라는 독일의 괴테Johann Wolfgang von Goethe의 말에 주목할 이유가 여기에 있다.

감동은 쾌락이며 일종의 카타르시스Catharsis이다. 카타르시스는 순화되고 정제된 순수한 것으로 갈등의 해소와 욕구의 실현이다. 감동을 작품 속에서 만난다는 것은 독자로서는 성공이다. 문학의 쾌락적 기능은 독자를 즐겁게 하자는 데 그 본질적인 의의가 있기 때문이다. 유의해 할 점은 쾌락적 기능의 극단화는 커다란 부작용을 유발한다는 것이다. 원초적, 관능적, 말초적인 쾌락만을 추구할 때 문학은 상업주의, 소비주의로 전락하게 된다. 잘못되면 일회용 문학으로 찰나적 인기에 편승하는 우를 범할 수 있다.

문학은 고뇌와 고통 없이는 독자들에게 주는 감동이라는 성과를 거둘 수 없다. 한편의 글이 밥이 되지 않는다는 것을 알면서 자신을 학대해 가며 글을 쓰는 문학인이야말로 경외의 대상이 아닐 수 없다. 무엇보다도 문학은 철학이나 심리학, 사회학이 아니라 특수한 문자 조직이다. 다시 말해서 문학은 언어로 된 예술이라는 것이다. 문학인은 자신의 상상력을 극대화하여 인류 구원의 메시지를 창조해야 함은 두말할 나위가 없다. '문학은 문학일 뿐'이라는 말을 염두에 두고 문학의 본질을 끊임없이 탐구하면서 문학을 사랑하겠다.

정성수 저서

□ **시집 (22)**
· 울어보지 않은 사람은 사랑을 모른다 / 산다는 것은 장난이 아니다 / 가끔은 나도 함께 흔들리면서 / 정성수의 흰소리 / 나무는 하루아침에 자라지 않는다 / 누구라도 밥값을 해야 한다 / 향기 없는 꽃이 어디 있으랴 / 늙은 새들의 거처 / 창 / 사랑 愛 / 그 사람 / 아담의 이빨자국 / 보름 전에 있었던 일은 그대에게 묻지 않겠다 / 보름 후에 있을 일은 그대에게 말하지 않겠다 / 19살 그 꽃다운 나이에 알았더라면 좋았을 詩들 / 산사에서 들려오는 풍경소리 / 아무에게나 외롭다는 말을 함부로 하지 말라 / 마음에 피는 꽃 / 덕진 연못 위에 뜬 해 / 덕진 연못 속에 뜬 달 / 곱든 탑 / 사랑 앞에 무릎 꿇은 당신

□ **시곡집 (6)**
· 인연 / 시 같은 인생, 음악 같은 세상 / 연가 / 우리들의 가곡 / 건반 위의 열 손가락 / 시향따라 음향따라 그래서 가곡

□ **동시집 (9)**
· 햇밤과 도토리 / 학교종 / 아이들이 만든 꽃다발 / 새가 되고 싶은 병아리들 / 할아버지의 발톱 / 표정 / 넓고 깊고 짠 그래서 바다 / 첫 꽃 / 꽃을 사랑하는 법

□ **동시곡집 (8)**
· 아이들아, 너희가 희망이다 / 동요가 꿈꾸는 세상 / 어린이 도레미파솔라시도 / 오선지 위의 트리오 / 참새들이 짹짹짹 / 노래하는 병아리들 / 표정1 아이들의 얼굴 / 표정2 어른들의 얼굴

□ **동화 (1)**
· 장편동화 폐암 걸린 호랑이

□ **실용서 (2)**
· 가보자 정성수의 글짓기교실로 / 현장교육연구논문 간단히 끝내주기

□ **산문집 (4)**
· 말걸기 / 또 다시 말걸기 / 산은 높고 바다는 넓다 / 365일 간의 사색

□ **논술서 (5)**
· 초등논술 너~ 딱걸렸어 / 글짓기 논술의 바탕 / 초등논술 앞서가기 6년 / 생각나래 독서토론논술 456년 / 한권으로 끝내는 실전 논리논술

□ **그외 공저 (6)**
· 세상사는 것이 그렇다야 (시집) / 꽃들의 붉은 말 (시집) / 무더기로 펴서 향기로운 꽃들 (시집) / 꽃잎은 져도 향기는 남는다 (시집) / 효자동 愛 (시집) / 내사랑 멋진별(동화) / 대한민국의 5인의 시 (앱시집)

사랑 앞에 무릎 꿇은 당신

사랑 앞에 무릎 꿇은 당신

- 지은이 / 정성수
- 발행처 / 도서출판 고글
- 발행인 / 연규석
- 초판 인쇄 / 2019년 03월 01일
- 초판 발행 / 2019년 03월 15일
- 주소 / 서울시 용산구 한강로 2가 144-2
  전화) 010-8641-3828
- E-mail / jung4710@hanmail.net

값 15,000원

- 잘못 된 책은 바꾸어 드립니다
- ISBN 979-11-85213-73-6